U0145613

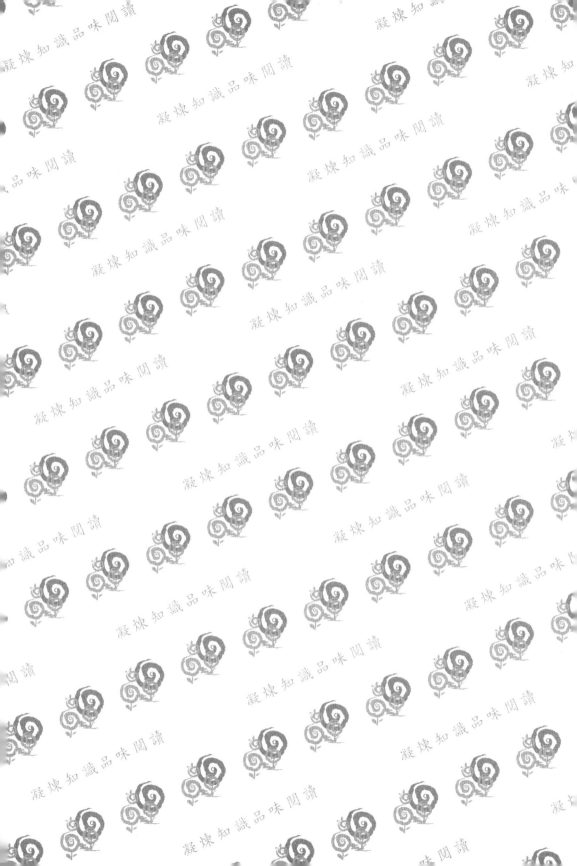

彩圖一：顏色對比：紅色螺旋。這裡有幾種顏色？©Akiyoshi Kifaoka

彩圖二：等亮度臉孔。如果透過紅色或綠色濾光鏡看，這張臉會看得很清楚。

彩圖三：Ames房間。左邊女孩是比右邊女孩站得遠些，但左邊女孩似乎小得不合理，因為我們假設這個房間是長方形的，而實際卻不然。出自Susan Schwartzenberg www.exploratorium.edu

彩圖四：「Carte Blanche」，由René Magritte於1965年所繪。我們知道馬兒走在這
種情形下不可能少了一部分；亦即在經驗上，這是不可能的。出自ADAGP.
Pariss, and DACS, London 2009. Oil on canvas. Collection of Mr and
Mrs Paul Mellon, image 2007 Board of Trustees, National Gallery of Art,
Washington.

Seeing Through Illusions

透視錯覺

由錯覺看世界

Richard Gregory ————————————— 著

瞿錦春、張芬芬 ————————————— 譯

五南圖書出版公司 印行

致 謝

　　我要向許多的學生與同僚致謝，尤其是 Priscilla Heard 博士，她與我分享了在嘗試瞭解知覺的過程中所產生的種種驚艷。我也要謝謝布里斯托大學對我這個退休人員超乎常態的大力支援。我要特別感謝我的助理 Dianna Wilkins 小姐，沒有她不眠不休的工作，這本書是無法付梓的。我還要謝謝 Latha Menon 小姐及牛津大學出版部對本計畫和其他計畫的持續支持和鼓勵。Gatsby 慈善基金會多年來對我研究上的支持，在此我也要致以最高謝意。

目　錄

第一章

知覺的派典

事實的真相是難以捉摸的；

哲學只是假像嗎？

對你是無意義的東西，

對我可能是真相，

這使得每件事都變得不確定了。

爲何談錯覺？

奇怪、不尋常的東西或事件常讓人想知道答案，所以科學研究往往聚焦在這些怪異現象上。不僅是實體世界的怪現象引人探究，心理上的怪現象也會吸引人。錯覺（illusions）是一種知覺（perception）上的怪異現象，它挑戰了我們對現實的感覺。以往我們很少以科學的態度去看待錯覺；因爲我們總認爲錯誤是一個要避免的麻煩，而不是一個有趣的現象，但其實錯覺的發生正可以告訴我們知覺是如何作用的，同時也透露了大腦與心智的祕密。

本書的目的就是要列舉各類錯覺，並探究它們的意義是什麼，以幫助我們瞭解大腦與心智。其中有一個中心議題，即對觀察及實驗結果的詮釋（interpretation）。詮釋與實驗發現（discovery）一樣重要，因爲意涵

來自詮釋而非來自現象本身。例如：將打雷與閃電視為來自諸神的憤怒，或只是凡德格拉夫放電機（Van de Graaff generator）上電荷的移動，兩者對雷聲與閃電賦與了截然不同的意涵。在某種程度上，現象必須詮釋為具有某種意義，且最好能連結到其他現象。而分類在科學中確實很重要，例如：對動物、植物、化學元素、天體等的分類，因為分類可以將現象與理論連結起來，而現象與理論的斷裂處則需要我們去尋求答案。本書將藉種類與原因來對錯覺現象做分類，並嘗試對錯覺現象賦予意義。

這本書名原文《Seeing Through Illusions》，它有雙重涵義，兩者間可以轉換，就如大家熟悉的「鴨-兔錯覺」（圖十六）。第一層意義是「由錯覺」看世界，這是將錯覺當做視覺的一種輔助方式，就像望遠鏡是一種補助工具，人們可透過望遠鏡去觀看世界；第二層意義是「透視錯覺」，這是將錯覺當做一種會騙人的把戲，本書想要看穿這些把戲[1]。

心智無法同時持有兩種知覺或兩種意義。文字的諸多涵意或各感官的諸多知覺卻可以同時存在，或藉由上下脈絡來加以定奪。「由窗戶去觀看」（Seeing through a window）只意味一個大家熟悉的動作，但「監看一個計畫」（seeing through a project）所意味的動作就完全不同了，它意味著要從頭到尾一直看著。這本書的名稱意味著雙重涵意，因為錯覺會激發許許多多的知覺與想法，本書將逐一予以透視。

在「鴨-兔錯覺圖」中，大腦改變了我們的知覺，圖畫本身並沒有轉變。知覺不僅會隨著圖片轉變，也會隨著正常物體轉變。如此一來，對某些東西，我們看到的與知覺到的，是很不一樣的。這也表示知覺與外在物體並無直接關聯。因此，經由視覺看起來栩栩如「真」的東西，也許實際上全部都是錯覺。「看見」似乎是一件簡單而容易的事，但我們大腦皮質

---

[1] 譯者註：因此中譯本書名兼取二義，定名為《透視錯覺—由錯覺看世界》。

的功能卻有一半與解讀視網膜影像有關，這些功能耗掉了我們每日進食所產生能量的百分之四。

　　很明顯地，一直到十七世紀初，我們才知道視覺係源自視網膜影像。眼睛僅提供神經訊號，讓腦子去解讀外在世界。視覺訊號起自視網膜，視網膜乃由三層神經細胞所構成，它們均屬於大腦的突出物。起自視網膜的神經脈衝，沿著百萬根的視神經纖維傳到大腦，再由分工良好的組織結構加以解讀，而解讀必須利用腦子對物體所儲存的知識，所以我們看到的當下，其實是透過已往的知識來理解的，這其中有可能出現誤導。

　　經由視覺產生的錯覺現象，可能源自生理的（*physiological*）錯誤訊號，也可能源自知識的誤導，而造成了認知上（*cognitively*）的錯誤。生理的與認知的錯覺兩者起因不同，但有些看起來卻很相似，兩者常被混淆。生理的錯誤與知識的誤導，兩者的影響有時有驚人的相似性。但對於人們理解究竟發生何事，兩者的涵意卻截然不同，所以將它們做適當的分類是非常重要的。

　　對醫療工作而言，分類的重要性顯而易見。如果對生理或心理引起的頭痛分不清楚是可能會要人命的。就認知科學而言，混淆了「生理」或「認知」的知覺，將導致研究誤入歧途，並使得研究結果毫無意義。無論是在理論上還是應用上，科學的分類實在太重要了。

　　許多科學研究的重心是對現象做分析，做深入且細緻的分析。而把現象放在適當的位置去瞭解也同等重要。伽利略（Galileo Galilei, 1564-1642）與愛因斯坦（Albert Einstein, 1879-1955）的理論改變了天文學界與物理學界的想法，靠的是以新觀點聯結到大家熟悉的現象。愛因斯坦為了解釋一顆在顯微鏡下的花粉為何會持續亂竄，而開啟了一門新科學。這門科學起源於看似微不足道的觀察，愛因斯坦假定：花粉亂竄是被肉眼看不見的原子持續撞擊所致，愛因斯坦告訴了我們，原子不僅僅是數學上

的概念，而且是活生生能產生作用的東西。從花粉的移動，愛因斯坦估計出原子的大小，進而導出了量子力學，對科學界產生的重大影響直到今日仍未稍減。愛因斯坦於 1905 年發表了現在大家熟知的「布朗運動」（Brownian movement），這讓他後來得到了諾貝爾獎。常常，一些微不足道的現象，藉由適當的觀念聯結到其他現象後，就變得非常重要了。我們可以肯定地說，錯覺現象應該也不例外。

就如同美國的科學哲學家孔恩（Thomas Kuhn）在《科學革命的結構》（1962）中所說的，科學家常會接受當時盛行的假說，而不去質疑它。這就是孔恩所謂「常態科學」（normal science）的基礎。就生物學而言，達爾文的物競天擇理論當然是主要的派典（paradigm），該理論對生命的每個嚴酷現實都賦與了意義。但心理學比較特殊，它不是個「常態科學」，因為它沒有眾議僉同的派典，它有的是彼此對立的「思想流派」，這些流派有著非常不同的假說與研究方法，彼此差別極大，可以從著重內省（introspection）到著重行為。

我們已指出：視覺牽涉到光學、生理學、訊息處理、解決問題、機率等因素。考量這種種因素，我們可以嘗試去找出一個派典，來瞭解我們是如何看東西，以及為何出現錯覺現象。當然，這不是件簡單的事，而且仍有揣測的成分在內。

用眾所周知的事實去挑戰另類派典，是一件有趣的事。我們可以對幾種相抗衡的派典打個分數，看看這些派典吸納每個待考驗的事實／現象（Gregory 1974）的能力有多強。然而這裡有個「循環」（circularity）弔詭——因為對事實與現象做了詮釋（interpretations）而產生含意，但詮釋根據的又是該派典。可見循環在科學裡的地位非常重要，但很明顯地，科學本身並不如它看起來的那麼「客觀」。

知覺是什麼？

有關知覺（perception）的各個派典，其間差異很大，例如：視覺是對實體世界的**被動感應**（*passive reception*）；還是**主動建構**（*actively construct*）（如同探員以片段的證據拼湊出事件的全貌）？這兩者的觀點天差地別。本書的觀點是：知覺與行為的發展乃是從被動反應（我們稱之為感應〔*reception*〕），演化到主動建構出的成熟知覺（*perceptions*），然後再去猜測所看到的事物為何，這有點像科學研究中的預測性假說（predictive hypotheses）。

把知覺想成科學研究裡的假說，藉此說明知覺與有形世界的關係（間接也夾帶了許多猜測），這是相當不錯的解說方式；但這並未說明：**經驗**（*experience*）究竟是怎麼回事？科學裡的假說並無意識可言（我們只是假想成這樣）。我們認為大腦是一部極度複雜的、能產生假說的計算機，但這不能幫助我們思考有關意識的問題，因為人造計算機是沒有意識可言的。大腦是一部獨一無二的、具有意識的機器，世界上卻沒有一種人造機器，類似於知覺中感覺的感質（*qualia*）。因此意識是獨立自存的，在我們用科學的結構與意義去做類比時，意識乃是外在於這些類比的。就因為對意識沒有好類比可用，這便驅策我們進入哲學世界，在這個世界裡，希臘哲學家至少和我們同樣聰明。

有一個流行的說法：知覺就是**腦子裡的圖像**（*pictures in the head*）。這個說法合理嗎？

視覺的大腦是一本圖畫書嗎？

當我們看到一棵樹，此時在腦子裡會有一張像樹的圖片嗎？這個想法的問題出在：似乎腦子裡需要有一個像眼睛的東西去看這張圖片。而這又需要另一隻眼睛來看這個眼睛所看到的圖片，如此一個接一個的眼睛與圖片，不知將伊於胡底。雖然我們都有「心像」（mental images）這種經驗，但這並非意味者腦裡有圖像[2]。

無論如何，眼睛裡確實有一圖像，但它從來沒被看到。視網膜上的影像為看提供了訊息，但這並不是影像本身被看到了。而更像一台電視攝影機將訊號傳到機器人的電腦裡，機器人可依這些訊息產生動作，但機器人腦子裡並沒有圖像。舉例來說，電腦裡的元件可以重現綠葉，但這些元件並不會是葉狀的，更不會在春天時變成綠色！同樣的，我們不能把聽到聲音，想成是腦子裡有聲音被聽到，否則這又會陷入腦內有聲音與耳朵的那個無限循環裡。

這個腦子裡既沒有這樣的聲音被聽到，也沒有這樣的圖像被看到。但這也無妨，如果機器人裡的電腦，對於攝影機傳來的畫面，可用簡單的特徵來做描述，並且用某種語言符號來做記錄，如此即可避免內在眼睛與圖片之間無盡循環的問題。然而這個大腦能像書中文字那樣，去進行表述（*represent*）或描述（*describe*）嗎？書是需要人眼去讀的，但一項描述並不像內在圖片那樣需要無數的眼睛與圖片——尤其是當這項描述已足夠

---

[2] 這個有關聽覺的爭論是由希臘哲學家 Theophrastus（約西元前 372-286）所提出的。他批評 Empedocles 認為知覺是一種拷貝的說法，他說：「他（指 Empedocles）對生物的聽覺解釋非常奇怪，他將聽覺歸因於內在的聲響，並認為耳朵可以製造出一個內在的聲音，像鐘聲一樣。如果藉著這內在的聲音，我們聽到了外在的聲音，那內在的聲音本身又如何被聽到呢？」我們一直面對著這個古老的問題。

清楚，而不需進一步描述即可運用之時。

　　大腦其實並未接收外界物體的影像，它接收的只是零碎的跡象，而可以讓人用這些跡象去推測或猜想外界的東西是什麼。大腦從各種感官接收到一些簡單特徵的訊號，從而創造出一些描述（description），再利用一些特殊腦神經細胞將此描述予以表述（representation）。所做的表述可能存在記憶裡，事實上，知覺與記憶的關係是很密切的。這裡有一重要的問題：眼睛和其他感官發出的訊號，具有什麼特徵，而能顯示外物的樣貌？科學家用極細的微電極來記錄腦神經的活動，他們發現大腦的迴路真的會對簡單特徵做回應（Hubel & Weisel, 1962）。以英文字元 A 為例，這個圖形的表述可能由三種特殊神經迴路來進行：一是對右上斜線做反應，二是對左上斜線做反應，三是對水平線做反應。當然，對三條線的彼此相關位置也要予以表述。對電腦而言這並非難事，即使簡單的電腦也能辨認印刷或手寫字體，因為在其文字處理器中有一種光學特徵辨識系統（Optical Character Recognition, OCR）。這種對所辨識的特徵做表述的觀點，並不會引發人腦或電腦內部圖像「無限循環」的問題。

　　文字可以表述物件，雖然它跟圖像表述有所不同。文字與它要表述的東西，無論是形狀、顏色、大小都很不一樣。CAT 這個字的樣子與它所要表述的那種動物的樣子完全不同。當然，文字還能表述一些沒有形狀的抽象概念，如：「美麗」、「真實」、「聰明」、「有趣」。此處即引入一個非常有趣的問題，這是三百年前的英國哲學家洛克（John Locke, 1632-1704）想過的問題：如果文字（words）本身的形狀、顏色與所要表述的東西可以大不相同，那麼感覺（sensation）（如：紅色、大聲）與它所要表述的東西為何不能大不相同？夏日天空的藍，一定要與天空本身的顏色一樣嗎？對天空的感覺所做的表述（represent），可能與實際截然不同，就像 CAT 這個字的形狀、顏色與大小，與它所要表述的動物

是完全不同的。

洛克與牛頓（Sir Isaac Newton, 1643-1727）在十七世紀就已明瞭：顏色是被腦子創造（created）出來的。他們也知道光線與物體本身不是有顏色的——這在現在還是蠻讓人驚訝的。我們現在知道感覺（sensation）是在腦子何處產生的，但對於身體的大腦如何產生意識上的感覺（即感質〔qualia〕）仍然並不理解。

如果顏色與聲響不存於實體世界，而且它們與我們的經驗也大不相同，那麼所有知覺都是錯覺嗎（are all perceptions illusions）？湛藍的天空與震耳的雷聲都是錯覺（illusion）嗎？顏色與聲響確有其物理基礎，它牽涉到光的波長與空氣振動的能量，但這些物理現象與感覺卻完全是兩回事。

有時我們會說所有的知覺都是大錯覺，但這對知覺的瞭解沒有幫助。我們也可能被引導而說出：「每件事都是錯覺」。這樣說也沒有意義，就好像我們說「每件事都只是一場夢」。如果以「夢」或「錯覺」來形容每件事，「夢」與「錯覺」這些字也就無法產生意義了。我們需要一個與「看見」（seeing）相對的東西，也需要一個與描述（describing）及思考（thinking）相對的東西。如果我們宣稱此處有一種錯覺，則必然有一個相對的非錯覺（non-illusion）的東西存在。這種想法對其他領域也適用。如果每樣東西都是紅色，那麼我們說看到紅色的東西；甚或用「紅色」這個字，也就沒什麼意義了。

錯覺是什麼？

我們也許會說：錯覺是脫離真相（illusions are departures from

reality）的，但眞相是什麼呢？表面外觀與物理的深層眞相是很不一樣的。如果將表面外觀視爲眞相，那麼我們就必須說：所有的知覺都是錯覺。但這與說「知覺是夢」一樣，對於知覺的認識並無助益。

錯覺可以用物理學的簡單常識來判斷，也可以用廚房裡的工具來測量，如：尺、時鐘、秤、溫度計等等。所以或許我們可將錯覺定義爲：*廚房物理學角度的誤差*（*deviations from kitchen physics*）。

這種誤差是腦子在表述外物時所造成的。本書的主旨就是在闡明大腦對外物的表述只是一種*假說*（*hypotheses*），就好像科學裡的一種預測性假說一樣。如同做科學研究一樣，知覺根據現有的證據去猜測最可能的事實；同時也藉最可能的事實去評估該證據。除此之外，我們沒有其他任何確定性可言。

就科學與知覺而言，*現象本身不能爲自己說話*（*phenomena cannot speak for themselves*）。現象必須經由詮釋（*interpret*）才能產生意義。推論並非直接根據現象或資料，而是根據詮釋（*interpretations*）。如此看來，科學並不如它所宣稱的那麼客觀。

就知覺而言，其中常常有許多的猜測以及超乎現有證據的作爲。由此觀之，我們對外物最可能的認識，是倚靠著某種不確定的假說，而這一假說是根據現有的證據以及過去的知識。有些知識是遺傳而來的，它是經由物競天擇的統計式過程而習得，並儲存在物種的基因裡。其餘的知識，則是大腦從個人經驗中習得，這一部分對人類尤其重要。

我們應該簡要回顧一下知覺的演化史。我們談演化史，不僅僅「只是學術上」的興趣，而是因爲這些過往的演化仍然留存在我們的神經系統裡。古老的行爲模式仍深植於大腦中，只是某些已過時而不再被運用，於是它們被壓抑而不再活躍。一旦壓抑失效，它們便會被釋放出來，而喚起古老的知覺，此時出現的行爲模式在現今生活裡會顯得有些怪異。由於這

類行為模式起自遠古的老祖宗且未完全消失，所以認識它們是很重要的，藉由它們，我們也可瞭解神經學及相關疾病的症狀。對這類由於演化而在神經系統裡形成層層堆疊的行為模式，所進行的探究，被我們稱為神經考古學（neuro-archaeology）。

最簡單的生物體會對一組刺激做出反應，我們大致上可對這種反應做出預測，而它們所做的趨向或反射，在過去長久以來都算恰當——雖然現在看來未必恰當。較「高等的」生物，尤其是人類，比起低等生物來說，我們對其刺激的反應就較難預測了，而且也不太有規律性。這使得許多哲學家和科學家把人類——至少把人類的心靈——劃歸在科學之外。笛卡兒（Rene Descartes, 1596-1650）在十七世紀時有一個著名的主張：我們的身體雖然是部機器，但我們的心靈卻沒有任何科學可以解釋。笛卡兒看見人類心靈與身體的差異是如此之大，所以他認為無法藉概念將兩者連接起來，也無法藉由科學上可被接受的類比來連結兩者。

上述看法最近有了改變，這無疑來自我們對電腦更瞭解了。因為電腦有著心靈所具有的許多不可思議的特質，諸如：電腦並不對輸入做出直接反應；有些電腦會啟動行為，像下棋電腦會選擇要移動哪一棋子；而且電腦會學習。有些電腦會看東西——雖然一點也不像人類的看；電腦也會用不同方式去聽、去摸、去嚐、去聞。而電腦的計算能力比人類快速得多，也更為精確。尤有甚者，某些電腦還能藉由習得的法則及內建的知識，而做出決定。從此，生物的大腦不再孤獨無伴了。

1830 年 Charles Babbage 製造出機械式計算機，從此隨著數位科技的進步，人們越來越知曉「機器有其心靈」的觀念。即便是簡單的齒輪也能做「心算」（'mental arithmetic'），這個理解從十七世紀中葉就有了，直到如今我們也仍然在談心（mental）算，這確實是個值得注意的現象。雖然在細節處，大腦跟現有的電腦還是很不一樣，但由於我們對兩者

的認識，已使我們比過去更容易接受「心靈住在機器中」、「大腦是個機器」這類的想法。不過，電腦軟體與聰慧心靈仍然帶著鬼魅般讓人驚嚇的特質，這些特質會縈繞在人們心頭而令人害怕。

什麼是認知知覺

　　簡單生物是對刺激做出直接反應，而「高等」生物則是對刺激的原因（*cause*）先做猜測，然後才有行為反應。物種從對刺激直接做出反應，到對可能的原因做出計畫性的行為，再到對結果進行預測，我們可以說：這一過程是物種從原始的感應（*reception*），進步到成熟的認知知覺（*cognitive perception*）。稱其為認知，是因為這種知覺需要知識，亦即對外物世界的知識。

　　這種知識是默會內隱（*implicit*）的，我們可從知覺與行為的試驗中辨識出來這種內隱知識，某些誤導的幻覺可以為內隱知識的存在提供證據。這些知識可能是關於某特定（*particular*）物件（如：某人的大門鑰匙），也可能是適用所有物件的通則（*general rules*）（如：透視性的內聚線條代表物件在空間中的某種距離）。我們可以用一張圖（圖一）來顯示大腦的認知過程可能是如何組織完成的。此圖引介了一些非標準化的專有詞彙（但仍與現在所瞭解的大腦解剖相符合），這些詞彙主要係根據知覺與行為的現象而產生的。

　　我們可以將視知覺（visual perception）定義為影像的歸屬物（*attributing objects to image*）。此歸屬物來自知識、以往的經驗，及其相關機率（probability）。如果觀看者覺得看見的機率是零，我們是看不見該物件的。而嬰兒天生就有一些知識，這使得他／她的知覺有了一個最初的起點。

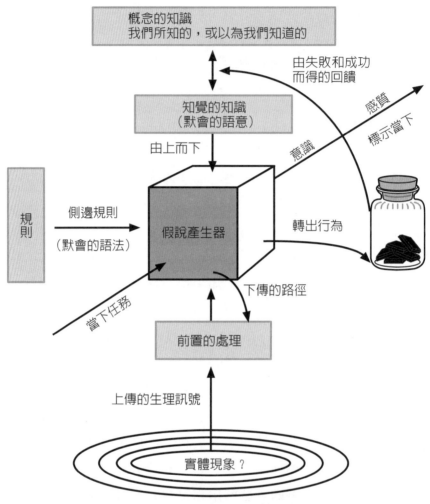

圖一：視覺的輸入與輸出

圖一是視覺諸多的輸入與輸出的概念模型，而不是一個實體結構圖，感覺訊號向上輸入「假說產生器」，由此產生外物可能是什麼的知覺的假說—即知覺。

知覺的知識之作用是向下的，其功能是對感覺訊號加以詮釋產生意義。知覺的法則，如：看出深度的透視法，是由側邊輸入「假說產生器」。圖中顯示：概念的知識雖與知覺的知識有關，但兩者是分離的。人們可從錯誤中得到回饋，而使得輸出的行為有所學習。

貝葉斯機率

貝葉斯機率（Bayesian probability）談的是：先驗機率／可能性（prior probability）會被當下出現的證據所修改；反過來看，證據的可靠性也會以先驗機率／可能性來做判斷。這個想法已公式化了，稱為貝葉斯定理（Bayes's theorem）。貝葉斯牧師（Thomas Bayes, 1702-1761）一生發表的文章頗少，但他留下了如今很有名的手稿《論以機會原理解決問題》（An essay towards solving a problem in the doctrine of chances）。這篇文章是他的朋友 Richard Price 幫他找出來的，並於1763年發表在《皇家哲學協會會刊》[3]。在被忽視或遺忘150年之後，近來他的想法變成解釋人們做經濟決定時的核心觀念，而且對知覺如何運作的瞭解也很有啟發。

機率／可能性（probability）的本質至今仍撲朔迷離而具爭議性。對機率／可能性的看法有著兩種截然不同的角度：一是關心出現次數的比率；二是注重心理狀態。前者是「客觀的」，後者是「主觀的」，而後者將觀察者引入了科學。貝葉斯定理所根據的是主觀的可能性，這使得觀察者的主觀信念變成了關鍵。也使得這一定理與知覺的間接理論（尤其是知覺的建構理論 [constructive theories of perception]），產生了重要關聯。

貝葉斯定理中，將先前證據為真的可能性稱為先驗機率／可能性（*prior probabilities*），將新證據與舊證據的相似度稱為後驗機率／可能性（*posterior probability*），以這兩種機率去做計算，則可決定假設為真或假。貝葉斯定理就是：先驗可能性乘以新證據相似度，即可決定假設為真或假。從這些數字的比率來看，這個賭局對假設是有利的。而後驗

---

[3]　皇家學會哲學會刊 LIII（1763），頁 370-418 轉載於 Biometrica 45（1958）：頁 296-315。

可能性可以成為下一知覺的先驗可能性——這尤其適合用在某段時間內，某系列知覺一直持續在更新之時。

大腦似乎儲存了好幾種可供選擇的知覺假設，每種假設各有其先驗可能性。而且，如果真的按照貝葉斯公式來看，大腦似乎可以無須藉助實際寫出的數學符號，就能執行複雜的代數計算。

大腦的知覺真的如此運作嗎？如果大腦對訊息是採類比式（analogue）處理（之所以這樣說，是因為大腦似乎有著較慢——與電子元件相較而言——但眾多的平行線路，這比較像是類比式處理），那麼我們很難相信：大腦會執行貝葉斯推論所需的一連串數位計算。換個問法，類比式處理可以執行像貝葉斯定理這類的推論嗎？或許我們該回到五十年前，看看模控學（cybernetics）的類比觀念（analogue ideas）是怎麼回事，當時還沒有功力強大的數位電腦（digital computer）可以把神經科學（neuroscience）召喚出來。模控學是靠互動式神經網路去運作的，為了方便，它們模擬數位電腦做運算，但在本質上其實是類比式電腦，因為它們並非一步步地做演算。這裡面可就有值得深入研究的東西了。

這裡有一重要問題：先驗可能性是如何得到的？所謂先驗是來自所有（all）經驗嗎？抑或是經過學習，再將其中重要的挑出來呢[4]？這是一個經驗問題，需要實驗來佐證。錯覺現象頗適合拿來做例證。

凹臉錯覺（圖十九）可以顯示先驗可能性的威力。因為平常看到的臉孔幾乎都是凸出的，當我們看到凹臉面具時，大腦會自然把它想成是凸面的。靜止的電扶梯（*stationary moving staircase*）錯覺則告訴我們，先驗可以來自相當特定的學習結果。踏上一座預期是移動的電扶梯，而實際是靜止的電扶梯，是件頗危險的事；且這種預期所適用的時機並不很多，

4　例如：臉孔會吸引小嬰兒的注意，不久他們就會認得照顧他們的人。

只有面對正常運作的電扶梯時，此一預期才會適用；而即使對大都市的居民來說，電扶梯都算是一種特殊物件（詳見本書第五之四章）。

這種靜止的電扶梯錯覺是一種特殊而少有的錯覺，但先驗（priors）到底從何而來 —— 此問題也適用在大家熟知且討論已久的錯覺現象中，諸如：Ponzo 及 Muller-Lyer 的「透視性」扭曲（'perspective' distortions）（圖三十六及三十七）。在這些錯覺中，平行直線及直角角落，對知覺學習有特殊的吸引力嗎？恆定比例（如果這個理論正確的話）的設定，是來自所有（all）知覺經驗的統計值嗎？這問題的答案，對知覺學習的理論與實作都很重要；對運用眞實世界的統計值來設計的那些實驗而言，這答案也很重要。我個人比較相信，我們會去學習一些值得學習的東西，這其中有些取捨，例如嬰兒選擇看人臉，這選擇是天生的，來自於遺傳。

認知的演化

神經系統在其演化過程中是如何出現認知能力的呢？如果我們假定蚯蚓能認識周遭的環境，還會利用明確的知識來規劃自己的行為，這可能頗爲荒謬。雖然達爾文確曾告訴我們蚯蚓的行爲相當特殊。但我們必須要問：「高等」動物 —— 包括我們自己，其特別之處是什麼？很不幸地，我們對不會說話的動物的知覺，所知實在極少。我們用「客觀」方法對動物的神經系統有了些許瞭解，包括運用對動物的心理物理學及生理學做的記錄（這方面的記錄頗多）；但我們藉由語言，而對人類知覺的了解則多得驚人。在錯覺方面的探究更是如此 —— 即使我們無法將自己的感覺（sensation）與他人經驗做比較。

　　我們對其他物種的錯覺所知亦極其有限。牠們能像我們這樣體驗到如此變化多端的錯覺嗎？我們不知道身為一隻蝙蝠會是何種景況（Nagel, 1974）。

　　本書的中心議題就是想將視覺上的錯覺現象，依其種類與原因而加以分類。我將它們摘要在一張「錯覺分類總表」（頁217）中。在此我們先從主要的幾項錯覺開始談：**目盲（Blindness）**、**曖昧（Ambiguity）**、**不穩定（Instability）**、**扭曲（Distortion）**、**虛構（Fiction）**、**矛盾（Paradox）**。

　　目盲錯覺有好幾種，從完整普遍的，到部分選擇的；這種目盲錯覺是必要的，因為它們可防止視覺受不相干的刺激或瑣碎的訊息而超載。**曖昧錯覺**是一豐富而饒有趣味的現象。「曖昧」這個詞本身就模糊不清，因它一方面可表示分不清楚，但另一方面，它也可表示知覺到一種不同的狀態，而這狀態其實並不存在；對前後這兩種情形，我們分別稱為「含糊的曖昧」（Confounded Ambiguity）以及「翻轉的曖昧」（Flipping Ambiguity）。

　　不穩定錯覺有點類似「翻轉的曖昧」，但它適合單獨成一類。**扭曲錯覺**是最複雜、最具爭議的，在某方面來說，是視覺中最有趣的現象。這個錯覺到底是由神經訊號導致的生理性錯覺，還是由於對尺寸及距離的比例調整不當所造成的，到現在各家的說法仍然分歧。前者是「生理性的」（physiological），後者是「認知性的」（cognitive）。

　　知覺可能是一種**虛構**（Fiction），或多或少地脫離了物件本身。虛構是許多藝術的基礎。毫無疑問地，所有知覺中都有一些虛構成分，即使是科學中的觀察亦復如此。

　　有些知覺因太不像或因自相**矛盾**（Paradoxical）而使人覺得不可能。整個知覺過程中，可能性是很重要的判斷。矛盾可能在知覺過程的早

期或晚期發生。螺旋遺後作用（spiral after-effect）使圖形看起來有擴張（或收縮）現象，但實際上圖形的大小並沒有改變。潘氏三角形（Penrose Triangle）構造雖簡單，但在三度空間裡它似乎不可能存在。所有以平面來顯示三度空間中的矛盾現象之圖像裡，雷內‧馬格利特（René Magritte）的畫（見彩圖四）顯得更不可能。鏡中的影像也是一種不可能，因為同一物件竟然可以在不同的地方同時被看到，此時視覺與觸覺是兩相分離的。鏡中影像的左右相反尤其令人困惑，它可能是因為反射的影像無法用手觸摸到所導致。

由感應到知覺

有兩個核心觀念要分清楚：一個是*由下而上傳來的感覺訊號*（*bottom-up signals*），一個是*由上而下的知識*（*top-down knowledge*）在大腦中被表述出來。兩者都有可能產生錯覺。重要的是如何將錯覺適當的歸類到其中之一，這可不是一件容易的事。錯誤的歸類是有危險的，這種危險在臨床醫學是非常明顯的，而在科學領域中，這種錯誤也會使得一些觀察與實驗不具任何意義。事實上，將現象適當地分類，與發現這些現象同等重要。

我們可以看到知覺演化的過程，它是從由下而上、被動式的對刺激做出反應，進而演化到由上而下、主動式的猜測外界的東西是什麼。早期的生物體對刺激的反應，我們稱之為「感應」（*reception*），將「知覺」（*perception*）一詞留用給「高階」的認知經驗；此經驗伴隨著有心智的行為。其中的關鍵因素是：知覺乃是對被歸因的（*attributed*）物件與情境做出反應，而不是*直接*（*directly*）對刺激做出反應。所以，這其中的

演化是：從由下而上的刺激反應，進化到由上而下的知識。

如果考慮人類特有的抽象思考，我們可以導出一個最終的範疇——「概念」（conception）。由感應（reception）→知覺（perception）→概念（conception），這意味著一個演化的順序。演化可以被看成是：由簡單生物體的感應，發展到以知識為基礎的認知性知覺，再發展到將眼睛所見而引發的思考予以抽象化的概念。

早期生物的原始反應在後來的生物體內仍有若干保留下來，所以我們會對一些自古以來的威脅產生快速的反射動作。藉著感應、知覺、概念，這三種官能使我們生存下來，更美妙的是，這三者使我們的生存充滿了探險的刺激與痛苦。我們其實很幸運，人類是在生物演化的晚期才出現的，這使我們大大擺脫掉早期那些威脅生命的恐懼感。更幸運的是我們可以問問題，有時還能發現一些有用且讓心智滿意的答案。

感應的錯覺主要是因感官訊號受到生理性的扭曲。知覺的錯覺則是對感官訊號的錯誤解讀，這是肇因於不恰當的知識及錯誤的假設，這其中沒有生理上的錯誤，而是正常的生理過程遭到誤用，進而與現況發生了扞格的情形。

生理功能與認知程序之間的區別非常重要，雖然大家常常搞混。這種區別我們可以拿戰爭做例子。武器可能功能不良（malfunction），例如：一門砲無法擊發，但一門砲也可能因戰略錯誤而不適切地（inappropriately）發射。生理功能與認知程序是迥然不同的，雖然兩者同時接受同一物件——實際上是同一原子——的刺激。認知不是在大腦之上的一個「氣球」裡，它涉及如何將生理資源運用在感應、思考及心智行為裡。由於生理訊號經常被誤用，所以認知也常會出錯，稍後我們會看到一些錯覺及思考錯誤的例子。

欺騙（deception）是論及感應、知覺、與概念時始終存在的話題。

它們也都是各種錯覺的主要議題，錯覺會被敵人所誘發，猶如藏在受害人身上的祕密武器。

此書所要強調的是*視覺現象*（*phenomena of vision*），藉此我們也可以看到知覺的本質是什麼。這樣的瞭解對畫家也許是有用的，因為他們對人們知覺的操弄，更甚於小提琴家對琴弦的操弄。由於科學家從畫家那裡學到許多知覺知識，我希望本書能稍稍做些回報，補償科學家對畫家的虧欠。對科學的瞭解可擴大藝術的範圍，猶如藝術可豐富科學的內涵。本書也會談機率／可能性（possibility），有時大家怕談這個議題，因為對可能性的透徹瞭解或許會抑制藝術的創作。

對可能性的透徹瞭解，真的會抑制藝術的創作嗎？我懷疑。小提琴家應該（至少默會內隱地）對琴弦與音箱共鳴在物理上的可能性要有充分的瞭解。但究竟要明白清晰到什麼程度呢？聲音的傅立葉分析（Fourier analysis）與合成，對音樂家有幫助嗎？抑或可能是一種阻礙呢？畫家對眼睛聚焦及顏色的物理性質有所瞭解，有助於他們的工作嗎？*知覺*（*perceptions*）是從*感應*（*reception*）演化而來的嗎？或假說是遵循貝葉斯定理嗎？思考這些，對藝術家有幫助嗎？我認為「是的」。

現象不會為自己說話

日蝕是個戲劇化而又神奇的現象，但我們看到了什麼呢？古人認為其中有神明的預言或警告。今日我們知道那是太陽系行星運動的結果──地球繞日，月球繞地球，兩道軌跡幾乎在同一平面，各有其特定大小與距離，這一切都遵守牛頓定律。由於心智模式（mental models）的不同，古今對日蝕賦予了非常不同的意義，並伴隨著天差地遠的言外之意。

我們是以當前的心智模式去理解（*understand*）所看（*see*）到的現象，相反的，現象也可以顯示與測試心智模式。如果沒有一個模式，我們會因喪失感官辨別力而「目盲」。此書的重點就是：錯覺現象可以顯示及測試心智模式，進而明白我們是如何看東西的。

大腦最神祕的輸出是意識（consciousness）。某些（雖然不是全部）知覺跟感質（*qualia*）有關，例如對紅色、明、暗等的感覺——這些感覺就是感官經驗中的感覺（sensations in sensory experience）。大腦如何產生感質至今仍是個大祕密。不過，或許我們也不必擔心：感質及其產生的生理過程，兩者之間的性質是何等地「不同」。多因結合後，形成了截然不同的果，這種現象並不罕見。例如：結合氧和氫，可形成與它們性質完全不同的水。如果我們想用 Meccano 玩具組的零件，組合成一座會走的鐘，那麼我們就要從玩具盒中找出許多形式各異的組件，才能組裝成功。而時鐘轉動的機制與它所記錄的（神祕）時間，這兩者又是何等天差地別呀！

如果感質真的存在，那它做些什麼事呢？從演化與天擇的角度來看，我們可以預期意識具有某些強化生存的功能。有沒有可能意識的感質是拿來標示當下（*flag the present moment*）之用？知覺的產生是基於自古以來天生的知識，以及最近習得的知識，並參考來自即時（real-time）行為的感覺所產生的訊息。也許感質標示著當下，可以使當下不致於跟舊有知識相混淆。在十字路口分辨當下的（*now*）紅綠燈是很重要的，但我們是在更早之前就習得紅綠燈的重要性，而這一知識是在後來的實際場合才派上用場。擁有強大記憶力，但又把過去與現在混淆的人，這樣的人實在很少。俄羅斯神經學家 Alexander Luria 所描述的 S 先生是個知名的案例。S 先生會把他記憶中的鬧鐘與眼睛所看到的鬧鐘搞混，所以他早晨無法被鬧鐘叫醒。將過去與現在搞混是非常危險的。由當下所產生的感質中具有

某種特質，尤其是栩栩如生的部分。這是意識存在的理由嗎？

　　如同我們之前（頁9）所說的，在現象與其詮釋／解釋之間有一個迴圈（也許像網球被來回拍擊）。也許讀者會喜歡參與這一迴圈往返的思考遊戲——對錯覺現象及其解釋進行思考，進而瞭解科學是如何運作的。而這些解釋並不是刻在石頭上的鐫文，它們其實更像是畫在沙土上一幀幀有用的暫時塗鴉。

第二章
神經考古學

　　雖然現在大家幾乎都接受演化論，但其中仍有許多謎團困惑著眾多科學家，也刺激著生物學各個領域以及心智方面的研究。長久以來，現代智人（*homo sapiens*）的起源似乎十分特別，特別到啟人疑竇，現代智人好像是由人類的老祖宗呈單線演化而成。這個情形非常獨特，超乎了達爾文學說的範圍。但是最近在非洲多處發現了可能是人類的另一支祖先的化石，他們大約與智人活在同一時期。所以人類的起源也許就沒有以前以為的那樣特別了，而跟其他生物類似，也是經由層層分枝狀的祖先演化而成。天擇可視為一種**大智慧**（Great Intelligence），它設計了各種的生物，但顯然天擇並沒有什麼意圖或目的。當然，這種說法會引起某些人的不安，無疑地，天擇賦予我們人類一個責任，就是要去創造意圖與目的，這些意圖與目的賦予了人類生命的意義。

　　達爾文的理論對整個生物學都有重要的言外之意，包括對認知心理學（cognitive psychology）。到底有多少知識（knowledge）是由祖先們經過生死存亡的搏鬥而遺傳（*inherit*）給我們的？有多少知識是個人藉著經驗學習（*learning*）而得的？在體態構造上，物種承襲祖先的遺傳確實存在，先天而內隱的知識也確實主宰著簡單動物，最明顯的例子如：螞蟻、蜜蜂以及鳥類等，牠們驚人的遷徙與築巢行為。如果祖輩的行為、技巧及知覺無法傳給嬰兒時期的我們；並在成長中以習得的知識將遺傳做一

修改，如此將會使人類相當怪異。

如果我們將知識（knowledge）意涵擴大，延伸到內隱知識（implicit knowledge）；將反射與行為模式，甚至複雜的社會行為都涵括在所謂的知識意涵裡，這樣的延伸將非常有用。人類帶著祖先的眼睛與大腦去看世界，對過去的世界表現出合宜的行為，而過去的世界與現在的世界並非完全不同。而遺傳下來的體態構造與行為也無法完全切割，因為所有的動物都利用其體態構造做為工具及武器，緊密地與行為連結起來。而人類科技從早期的木器及燧石工具，更不斷延伸我們的體態構造，乃至於發展到能完成超人任務，如：以超音速飛行、製造書籍、閱讀書籍等。如果沒有具功能的身體、以及擴展身體功能的科技，心靈將無從談起。

原始知覺（primitive perception）── 或更適切地說「感應」（reception），多是遺傳而來。老於世故的知覺，則來自對刺激之起因的知識，亦即對外物所提的一個假設。我們的某些行為來自原始感應，例如：我們對突發而不知緣由的巨響會眨眼，因為百萬年來，巨響通常會伴隨著對眼睛的傷害。早期的大腦無法瞭解巨響之後的危險，所以巨響本身就足以激發行為。基因密碼已學到巨響對眼睛不是好事。隨著知識的累積，我們有了更多方法去維護我們的視力。我們可以躲避對眼睛的危害，發明保護眼睛的方法，例如：戴護目鏡，甚至採用以知識為基礎的科學方法，來修復受傷的眼睛。從反射式的眨眼發展到修復眼睛，這是多麼漫長的一段路程啊！

儘管我們身體裡先天的內隱知識相當微量，但已足以使出生幾個小時的嬰兒對臉孔有所反應，也會對正常臉孔的圖片多看幾眼，對五官錯置的臉孔圖則沒什麼興趣。嬰兒天生就具備了認識臉孔所需的足夠內隱知識，這對他們是重要的，隨後他們也會知道哪些臉孔是特別的。

有些事學起來比別的事容易得多。只要微量的先天知識，即可導引出

個人學習所需的注意力。因爲嬰兒被保護的時間很長，他們有足夠的時間將天賦的知識用在對外界探索的經驗中。不過，有些先天知識眞的會留在我們的身體裡。嬰兒喜歡甜味而不喜歡酸味，因爲糖是常缺貨的好東西，而酸味則常與中毒有關。成人仍然喜歡甜食，但知道要有所節制。要一個人能欣然品味一杯苦澀的啤酒，他的腦子得先經過一番努力，獲得某些知識後才能達此境界。

我們現在對於上述議題有所認識，這是經過許多傑出前輩的努力才獲致的結果。接下來我將介紹其中幾位傑出人士。

Jean-Baptiste Lamarck：大腦的知識是遺傳而來的嗎？

法國博物學家 Chevalier Jean Baptiste Pierre Antoine de Monet Lamarck（1744-1829）是一位先期的演化論者，他在達爾文之前即認爲生物是會演化的[1]。他相信個體的生命經驗可以遺傳給後代子孫，當時達爾文不確定他的說法是不是錯的。但現在，毋庸置疑地，我們知道個體所習得的每一事物會隨著他／它的死亡而消逝[2]。看起來，我們一生所學會隨著生命結束而消失，這眞是件可惜之事。這也正是何以各種儀式、傳說、書籍是如此重要，因爲先天承襲而來的知識可能來自百萬年前，它們早已過時了。我們的腦子需要學習，才能處理那些基因遺傳下來的不恰當知識，

---

[1] Lamarck 的演化論不認爲物種是固定不變的，他將這個理論發表在《Philosophie Zoologique》（1809）。

[2] 當然，人類以書籍和各種人造物將知識傳給後代。這種將知識以文化的方式傳遞，使得人類成爲一個特殊的物種。

例如：不理性的恐懼。不過話說回來，在那些沒有先天知識可用的情境中，我們沒有立即可用的求生技巧，當下就會變得非常脆弱危險——例如某人單手抓著駕駛盤超速行駛，另一隻手忙著講電話及吃柳丁，駕駛是大腦在生理上新近學會的本事，開車者本身會以爲很安全，但其實這種行爲造成的危險眞的比蛇還嚴重。

John Hughlings Jackson：大腦層狀結構的功能考古

偉大的神經學家 John Hughlings Jackson（1835-1911），也是一位了不起的哲學家，對大腦的結構與功能有許多重要見解。他認爲大腦現今的模樣，是經過幾百萬年演化而來的；我們姑且稱之爲考古式（archaeological）層狀堆疊。他的重要觀點是：大腦許多「高階」功能會壓抑或抑制較古老而低階的功能，因爲這些低階功能已經過時而構成了阻礙。

當腦子受傷時（包括老年性退化），這些正常的抑制功能將會消失。此時那些古老的功能就會浮現出來，這些長期被壓抑的古老功能若浮現而出，則會使個體顯得非常怪異，被視爲是精神病的一些臨床症狀。這一見解對神經學（neurology）是個重要而普遍被接受的看法，它也讓我們瞭解到：大腦在演化過程中，其構造是如何組織起來的[3]。

3　Hughling Jackson 的論文不容易讀懂，他的說法前後也不很一致。但他的洞視指引了現代的想法，他承認自己的理論受惠於 Herbert Spencer（1820-1903）。他延續 Spence 對演化的思考主軸，尤其是後者的大部頭著作《Principles of Psychology》（1855），閱讀此書需要過人的毅力。見 M. Critchley 及 E. Critchley 所著《John Hughlings Jackwon: Father of English Neurology》（Oxford: Oxford University Press, 1998）。

　　Hughlinlgs Jackson 承認他的說法來自博學的 Herbert Spencer（1820-1903）。Spencer 也是一位在達爾文之前即倡導生物演化論的學者。事實上我們也可以說，在科學史裡，有許多的想法剛開始是被壓抑的，到後來才浮出檯面。這與大腦的演化過程相當類似。Jackson 認為演化是從最大的組織化到最小的組織化；從最簡單到最複雜；從最慣性的到最自主的。他稱大腦核心的最高層組織為「心靈的器官」（organs of the mind）。

　　Hughlinlgs Jackson 也知道，局部腦傷並不會造成與此受傷部位直接關聯的症狀。更正確地說，某部位的腦傷會造成其他區域腦活動的釋放，而這些被釋放的活動有可能是不恰當的。他對這種並非由大腦受傷區位引起（cause）的行為錯亂之神經疾病，有如下的敘述：

　　一個患有局部腦組織軟化（softening）的人，他講話時會使用錯誤的字眼……沒有人反對腦軟化是語言障礙的「原因」，但嚴格地說，腦組織軟化並不會影響說話的用詞，因為軟化的部分已經沒有腦組織了……會影響說話的乃是腦子**未軟化**的健康部位…這些症狀是間接引起的，或更正確地說是被「允許的」[4]。

　　Hughlinlgs Jackson 描述大腦有三層，由下而上產生作用。他說：

　　演化原理就是從最大組織化（organise）到最小組織化的過程；換言

---

[4] 這一段話被 Critchley 及 Critchley 所引用（1998：頁 56）。對於我們借用大腦圖像來定位其功能時，在觀念上這段話當然是一段警語。另一種更模稜兩可的情形是：局部代謝率的增加，有可能是抑制功能的增加，而不是激活功能的增強。

之，就是從最基本的到最特殊的。簡單地說，就是逐漸「累加」越來越特殊的功能，一直持續累積出新的有機體，但是「累加」時，也同時持續在「下壓」之前的東西。

之前我們曾經說過，當此持續「下壓」的過程失效時，這些浮出來的東西在當下看起來，就是怪異的行為或知覺了。

Ernst Haeckel：演化的重演

演化的一個特徵是：隨時間前進的演化之箭基本上是不會回頭的。此外，也鮮有全新結構會出現。更正確地說，是現有結構出現新的或很不一樣的功能。這些修飾性的改變通常都很緩慢，所以我們活在現在，但擁有的卻是過時的結構與知識。有些明顯的例子出現在比較胚胎學（comparative embryology）。這個想法是具爭議性的德國動物學家Ernst Haeckel（1834-1919）所提出來的，他認為個體的生命史是重現演化之旅。他將之稱為個體發育重演種系發育（*ontology recapitulates phylogeny*），個體發育是指個體的源起與發展，種系發育史是指物種的源起與發展。在生物學歷史中，這是最出名的一種主張，但受到的批評也最多。Haeckel 也是頗具爭議性的哲學家，他的一些哲學觀點也常遭人駁斥。但依據達爾文學派的理論，他的個體重演種系發育之說，幾乎是個必然（*must*）發生的現象。當然，我們還需要例證來發展和檢驗這個說法。Haeckel 的說法可能來自他比較各個物種胚胎發育的心得。他指出：物種的遠古特徵會在該物種胚胎發育的早期出現。他製作了一幅各個物種胚胎發育的圖畫，各物種胚胎在早期有驚人的相似度，對早期胚胎我們很難分

辨出是哪一物種，但持續發育後彼此的差異就很大了（圖二）。而他在此畫裡做了多少「加工」，到現在還有爭議。

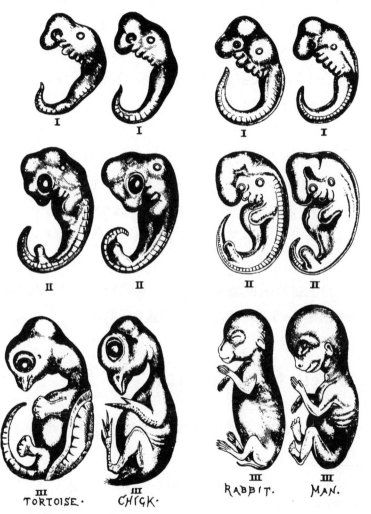

圖二：Haeckel所畫的各種生物的胚胎圖。在胚胎發育早期，它們都很相似，難以區別。

　　達爾文在《物種起源》（*The Origin of Species*）中就提到：「如果將物種的胚胎當作其祖先來看（雖然這些胚胎圖片有點模糊難辨），胚胎學會引起我們極大的興趣，因爲無論是成體或幼體，所有的物種都屬於同一大屬（great class）。」胚胎學家 Lewis Wolpert 在 1998 年一篇權威文章中問到（但並非反駁達爾文說法）：「舉例而言，爲什麼所有的脊椎動物的胚胎發育，均會經過像魚鰓裂的種系特徵性發育階段（phylotypic stage）呢？」，Wolpert 的答案如下[5]：

　　如果兩組動物其成體結構與習性有著顯著的差異（如魚類與哺乳類），但兩者有極爲相似的胚胎期，這表示它們是共同祖先的後代。就演化而言，它們關係密切。所以，胚胎發育反映了其祖先的演化史。某一特定胚胎期的結構，在不同的物種會逐漸演化改造成不同形式[6]。

　　Haeckel 的主張似乎很難完全反駁。我們的過去活在我們的身體、大腦及心靈裡，雖然我們可以將之編輯或加上新的篇章。

Arnold Gesell：行爲的胚胎學

　　我們每個人的發展是什麼情形呢？人類的行爲大約始自胚胎期第五

---

[5]　出自 Lewis Wolpert 所著《Principles of Development》（Oxford: Oxford University Press, 1998），頁 445。

[6]　這段話接下去寫道：「另外一個例子是：所有脊椎動物的胚胎，包括人類，都有鰓弓及鰓裂。這不像魚的成年祖先的遺留物，而是像魚的祖先在胚胎時曾有過的結構。在演化過程裡，鰓弓在原始無下顎的魚類發展成鰓，後來演化成魚的下顎。當陸地脊椎動物的祖先離開海洋後，鰓就不再需要了。但在胚胎發展中，鰓弓及鰓裂仍保留下來。」

週，這些初始行為是天生的。這方面研究的開山鼻祖是 Arnold Gesell（1880-1961），他在《行為的胚胎學》（*The Embryology of Behaviour*, 1945）一書中講得尤其清楚。他基本上是跟隨 Haeckel 的說法，他寫到（頁 xiii）：「從生物學的觀點來看，一個新生兒其實已極為蒼老，因為他早已度過了物種漫長演化的大部分過程」（圖三）。

該書第五章「古老的運動系統」（The Archaic Motor System），對瞭解考古式的時間堆疊對肌肉功能的影響，是一個很好的起點。我們知道最古老的肌肉是為了維持姿態，而姿態是所有行為的基礎。軀幹及骨盆帶（pelvic girdle）的肌肉群是最古老的肌肉之一，覆蓋在其上的闊平

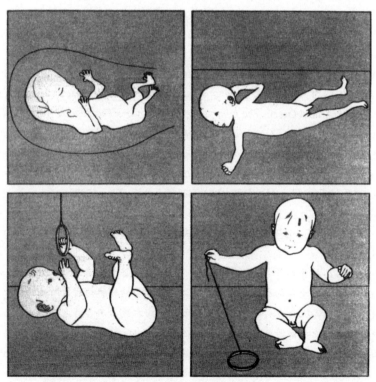

圖三：人類胚胎的行為。取自Gesell（1945）。

肌肉群是較晚近的肌肉。眼球外的六條肌肉也很古老，可追溯到七鰓鰻（lamprey）及盲鰻（hagfish）。由於姿態經過幾百萬年的變化，從平行於地面到現代人的垂直於地面，於是人類身體裡的主要肌肉群及其神經系統也發生了改變，以期適應新的姿態，這種改變主要是為了移動及操作新技能[7]。

　　除了從個人學習去了解技能發展外，也可從先天的個體發育來探究技能發展。也就是說：複雜的行為模式，其成份是經過長時間的個體發育與生理發展後，最後濃縮在瞬間行為中[8]。關於姿態與行為的關係，Gesell 提到了 G. E. Coghill 對蠑螈的游泳行為及觸覺反應的經典研究，該研究區別了先天發展跟學習、成熟（maturation）之間的差異，成熟需要以主動的行為去發展，成熟並不是學習。他的這些實驗都很精彩[9]。

---

[7]　出自 G. E, Coghill (1914-36), 'Correlated anatomical and physiological studies of the growth of the nervous system of Amphibia', *Journal of comparative Neurology,* parts I-XII.; Critchley and Critchley (1998); Arnold Gesell, *The Embryology of Behavior: The Beginnings of the Human Mind* (New York: Harper, 1945); S. Goddard, *A Teacher's Window into the Child's Mind: A Non-Invasive Approach to Learning and Behavior Problem* (Eugene, OR: Fern Hill Press, 1995); R. Magnus (1925), 'Animal posture' (Croonian Lecture), *Proceedings of the Royal Society* B 98: 339-53; Wolpert, Lewis, *Principles of Development* (Oxford: Oxford University Press, 1998)。

[8]　出自 Gesell (1945, p.52)。

[9]　Gesell 另外引用了 Magnus（1925）一個較不知名，有關哺乳類動物姿態與行為的個體發育研究，內容如下：

「假設一隻貓站在屋子的中央，一隻老鼠在其右邊沿著牆壁奔跑，貓咪頭內的遠程受體（telereceptors）受到老鼠的聲光刺激，會使貓咪將笨重的頭轉向右邊。此時貓身的前半重心移到右邊，同時頸部肌張力反射被激活，帶動脊柱向右彎曲，右前腳用力踏出，單獨支撐體重以免跌倒。此時左前腳因無需支撐體重，在頸肌張力反射下，立即呈鬆弛狀態以保持身體平衡。在此同時，由於頸部的轉動，使得脊髓內的各運動中心的刺激感應（excitability）已重新整理了一次，所以……跨出第一步的腳總是沒有靜態功能的那一隻。這樣……這隻貓的注意力集中在老鼠而準備採取行動。牠要做的事只是要不要跳過去抓鼠而已。其他的所有事都

神經系統的異常或疾病，其症狀可能是回到古老的行為模式（*returns to ancient behaviour patterns*）。腦性麻痺及唐氏症患者所表現的症狀就是古老的行為模式嗎？在此我們所得的啓示（正如 Hghlings Jackson 看到的）是：要想瞭解神經疾病是怎麼回事，我們必須追溯到種系發育史，從而發現這些疾病是如何攪亂個體的。

與過時的遺傳知識共生

有一個明顯且廣為人知的過時反射就是 Babinski 氏「徵狀」。當觸碰嬰兒腳掌的旁邊時，他的大腳趾會往上翹，其他腳趾則會往外伸開來（圖四）。這是人類出現前的老祖宗還生活在樹上時的行為。Gesell 對人類胎兒手指與腳趾有如下描述：

嬰兒睡覺時，時強時弱的肌肉張力使其身體呈現各種無精打采或鬆弛的姿態。當他的肌肉張力逐漸變強時，對於突然的刺激，手指與腳趾都會出現向外伸展的樣子。輕微的 Babinski 氏反射是表示想要抓住東西；比較強烈的 Babinski 氏反射則表示想要丟掉或放開東西。大腳趾與旁邊腳趾張開的活動使我們回想到曾在樹上棲息的祖先，那時牠們的手腳都很靈活而且很會抓東西。

在老鼠的影響下反射性地先準備好了，這些其他事對最後一跳而言，都是客體。」
Gesell 評論道：「Magnus 所演示的反射動作，出現在植物人或錐體外徑有疾病的病人身上，並錯誤地認為它出現在人身上是一種病理現象」。但 Gesell 指出：（這一點很重要）「這是胎兒及早期新生兒所具有的正常特徵。它最早出現在懷孕第 28 週的胎兒身上。」

手和腳：胎兒—嬰兒期

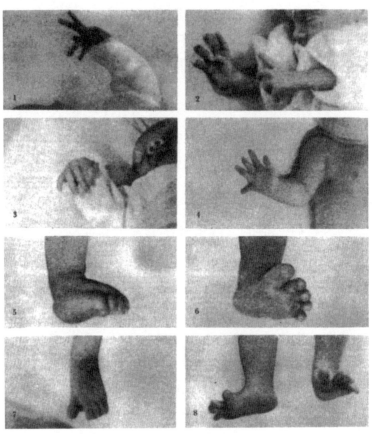

圖四：胎兒的Babinski反射。取自Gesell所著《Embryology of Bebaviour》（1946）。

「Babinski 反射動作」很適合讓猴或猿用趾頭去抓住樹枝，但對後來雙腳僅用來行走的人類而言，Babinski 反射動作就變得不合宜了。此反射動作約在嬰兒十八個月後消失，成為一個被壓抑的動作。這一過時的反射一直存在於我們的神經系統中，處於多眠狀態。在某些神經疾病中，這種動作會甦醒過來，成為所謂的「Babinski 徵狀」，起因是來自大腦

皮質或脊髓的抑制作用消失了。

　　還有一些其他的嬰兒行為，例如吸吮，也似乎處於被壓抑的多眠狀態，有時它們會在神經疾病多年之後出現。在年邁時，那些由演化而逐步被壓抑的行為模式，可能以相反的順序逐步出現。

　　嬰兒出生頭一年，會出現一系列的反射動作，這可讓生長中的嬰兒從支撐頭部、到爬行、再到站立與行走。有一個原始的反射，叫**不對稱強直頸反射**（asymmetrical tonic neck reflex）。這個反射可以幫助胎兒順利產出。此反射動作在胚胎第十八週時出現，約在嬰兒六個月大時被壓抑而消失。它可以幫助嬰兒的眼 - 手協調發展，因為當頭轉動時，手也跟著伸出去了。而如果這個反射一直未被壓抑下去，當嬰兒六個月大時，爬行動作將無法發展出來。

　　總的來說，這些反射在嬰兒早期發展是有用的，但如果不被壓抑下去，後續的發展將受到擾亂或無法展開，屆時這些反射會顯得不適當，甚至為後來的行為帶來災難。所以，如果嬰兒救命的**驚嚇反射**（startle reflex）一直存留下來，在成年時會對突如其來的響聲產生過於激烈的反應，如：砲彈休克症（shellshock），這將使當事人失能[10]。

　　嬰兒的早期環境可能是重要的，而此重要性又被早產兒的新生發育更為凸顯了。對早產兒而言，什麼是最適當的刺激呢？通常，母親對嬰兒

---

[10] 有一派開業治療師提供一種特殊的運動，讓神經系統有「第二次」機會去抑制脫序的反射動作。此派創始人是 Peter Blythe，於 1969 年提出，他並於 1975 年在瑞典創設了神經 - 生理心理學研究所。Sally Goddard（1995）對他們的工作有所描述。就如 Sally Goddard 所提到的，我們對精神問題（如：自閉症）不應該考慮用這派方法來治療嗎？脫序的反射動作可能延緩或妨礙了正常心智發展，也許真有一個有效的方法可以回到大腦早期較少「社會化」的狀態。在漫長而致命的阿茲海默症中，早期出現的反射動作，是以反年齡時間順序出現的；這一現象是頗具啟發性的。

「直覺的」觸摸與輕拍是恰當的，但對在保溫箱中的早產兒則反而可能造成傷害，但若早產兒欠缺母子互動也不是好事。最近對此主題的研究，在實務與理論上均有其重要性[11]。

演化心理學

達爾文將天擇視為對心靈（mind）的創造與形塑。這一個觀點最近也被演化心理學家 John Tooby 及 Leda Cosmides[12] 重新提到，他們說：

達爾文為心靈世界（mental world）與肉體世界（physical world）的聯結，邁出了關鍵的一步。即：無論心靈世界的組成是什麼，心靈世界的複雜組織化（organisation），應歸功於那相同複雜的天擇過程，此天擇過程解釋了生物形體的組織化。心理學與生物學相結合，從而出現了演化論。

達爾文多次在他的札記及整本《人與動物的情感表述》（*The Expression of the Emotions in Man and Animal*, 1873）中，談到心靈的起源時，都以這樣的觀念去看。這本書如今讀起來還是讓人興味盎然[13]。

---

11 有些研究在 Elvedina N. Adamson-Macedo 所著《The Psychology of Pre-term Neonates》（Heidelberg: Mates Verlog, 2002）中有所描述。

12 出自 J. Barkow, L. Cosmides, 及 J. Tooby (eds) 所著《The Adaped Mind》（Oxford: Oxford University Press, 1992）頁 20 之 'Psychological foundation of culture' 一節。

13 出自達爾文所著《The Expression of the Emotions in Man and Animals》（London: John Murray, 1873）。University of Chicago Press（1965）重印。較現代的看法有 Paul Ekman 所著《Darwin and Facial Expression: A Century of Research in Review》（New York: Academic Press,1973）。

經常有人提到：人類的心靈以及在群體中的行為，是在動物的行為與知覺的演化中形成的。這一說法要特別歸功於傑出的學者 E. O. Wilson[14]。這些想法如今在心理學界已引起極大的興趣，雖然這些想法的主要證據來自動物行為，比較難以解釋人類的行為 —— 因為我們生活在一個「人造」（artificial）結構的社會中。我們脫離自己的生物起源究竟有多遠呢？根據演化心理學來看，我們是以人的形體過著動物生命的生活。特別的是，我們能寫下這種生活，還能談論它。基本上我們能克服那些來自遺傳卻對社會有害的行為，雖然在古老大海的風暴中航行時，偶而我們也會翻船。

先天上，不同物種之間的行為與知覺系統的差異是很大的。甚至眼睛的數目也不是一樣的，遺傳而來的行為也有驚人的差異，即使是哺乳類亦復如此。但在此我們感興趣的是人類心靈的先天結構，來自其他物種的證據雖然間接；有些也難以解釋，但還是可做參考。有什麼樣的人類證據可以使我們相信：我們的行為與知覺是被遠自人類史前的遺傳所控制呢？考古的證據固然很重要，但目前有的證據稍嫌粗略，且時間上也還不夠古早。倒是可看看我們「活化石」的行為及其知覺。

我們確實遺傳了某些恐懼與厭惡，那些是與早期人類生活裡的危險相搭配的情緒。我們怕跌落、怕蛇、怕蜘蛛、怕黑暗封閉的地方、怕突然的聲響。這些害怕很常見也很普遍，橫跨全世界各種族。我們必須注意：這些普遍而共有的害怕並不是基於大家共有的兒時經驗，它們不是學習而來的，而是天生的。與現在比起來，這些危險在幾千年前是很常見的，反而

達爾文的觀點至今仍牢不可破。

[14] E. O. Wilson 是研究螞蟻的世界權威，其所著《Sociobiology: A New Synthesis》（Harvard University Press, 1975）一出版即引起轟動，至今影響仍在。另外一本著作，對瞭解演化心理學，尤其是性選擇方面，非常值得一讀，此即為 Matt Pidley 所著《The Red Queen》（Harmondsworth: Penguin, 1993）。

我們對新近（*recent*）出現的危險明顯缺乏懼怕的本能。所以兒童必須被看緊，因為他們先天具備的害怕本能在今日已派不上用場了，小孩必須在發生災難前，認識那些新危險。

什麼是先天遺傳？

有些遺傳偏向特別具有啟示性，例如男女的性別特徵──女人能生育，男人可依靠。女性最有吸引的階段是青年期，可能是因為女性大多在17到25歲生小孩，隨後快速滑落一直到40歲左右。男性則保有較長時間的吸引力，可能是因為男人在老年初期來臨之前，一直都可以保有性能力，且持續具有保護力及支持力[15]。

我們發現兩性各有某些特質是在先天上就吸引人的，對女性則更為挑剔些。普受世人喜好的，包括對稱的臉龐，而對稱常與年輕及健康有關，也意味著沒有基因「缺陷」。

女性的膚質與顏色是健康的重要標誌，這些都與養育孩子有關。男性對女性的體態有明顯的偏好，尤其是所謂的腰-臀比（WHR）。對身體大小的偏好隨文化而有所差異，但全世界公認的最吸引人的腰-臀比是0.7。容貌對女性比男性重要；而女性更看重男性的人格特質，如：自信心、主導性比容貌重要；男性的財富、慷慨、可靠度也很被女人看重。

在美國，專業的資格與先天吸引力一樣重要。醫師與教授都是佳例。這引起了一個常見的問題：我們到底從人類的過去遺傳到什麼？也許偏愛好的體態是遺傳而來的，因為這跟古時候女性生育以及寬肩的男性較會

---

15 非常值得參考的相關文本是 David M. Buss 所著《Evolutionary Psychology》（Boston: Allyn and Bacon, 1999）。

打獵有關，但如果以為偏愛博士學位也與遺傳有關，這就很可笑了。在現代，博士學位是一個成功的指標，而人們被成功所吸引則是遺傳而來的。人類到底繼承了什麼——這對演化心理學而言，當然是個關鍵問題。以積極進取（aggression）為例：進取一定要殘酷嗎？或者，進取但反對（against）殘酷也是來自遺傳嗎？這個問題很重要，因為此答案反映了：我們可藉由教育和楷模，如何去引導那些遺傳的行為及知覺，往社會可以接受的方向發展。

這種引導的彈性越大越好，尤其是在當下需求與原始狀態不同的時代裡。也正是因為這種彈性的出現，使得我們想找到那些由基因決定行為的清晰例證，變得愈發困難，尤其是去辨別哪些是由遺傳而來；哪些是學習而來的行為。

我們有理由認為鮮花、綠樹、溫暖的天氣對人是有吸引力的。因為長久以來它們都很重要。同樣的，偶而出現的危險和痛苦也很重要，因為它會告訴我們不要懶惰，督促我們快速思考和計畫。再者，這些遺傳而來的能力，還可能幫助我們學習新技能。

語言

諾姆・杭士基（Noam Chomsky）的著作與理念具有重大的影響力。他堅定地認為，從語言最能看出心靈有基因遺傳[16]。目前最堅強的主張者為 Steven Pinker，他對語言的力量有如下迷人而權威的描述：

---

[16] 見 N. Chomsky 所著《Syntactic Structure》（The Hague: Mouton, 1957）及《Rules and Representations》（New York. Columbia University Press, 1980）。

當你閱讀這些文字時，你正參與了一項自然界的奇蹟，因為你我同屬於一個具有下列特殊能力的物種：我們可以極精確地在對方的腦子裡形塑出一件事。我不是指心靈感應（telepathy）。我們所藉用的這個能力就是語言——僅僅只是藉由嘴巴發出一些聲音，我們就可以很確實地在彼此心中形成一些相當新穎的組合式觀念，這種能力是如此自然，我們幾乎忘了它是一項奇蹟[17]。

人類的語言結構是天生遺傳而來的，這範圍有多大呢？即使經過多年的努力，這問題迄今仍充滿爭議。起初這個想法似乎不太能被接受，因為世界上有如此眾多不同的語言。杭士基的洞見在於他提出的「深層結構」（Deep Structure）——所有的語言都潛藏了一個共同架構。確實，這個想法正說明了：要知道「在基因上就做了登錄且遺傳而來的內在知識究竟有哪些」這件事有多麼困難！不同語言間的差異極大，不只是文字不同，文法差異也很大。杭士基認為：潛藏在不同文法下有一共同的「深層結構」，這是一個聰明的想法，而此想法只能由其同僚專家去評價。然而，從杭士基當年的聲勢來看，目前似乎有些倒退的跡象。

Pinker 指出，猩猩完全沒有相當於人類的語言。猩猩與人類間驚人的鴻溝需要做番解釋。他的解釋是：現在的猩猩並不是人類老祖宗直接的後裔。如果要追溯到兩者共同的祖先，這中間有個時間差，大約是一千萬年。就是在這段期間，人類的大腦演化出現了語言，並走上了自己的發展道路。

先說一個或許很簡單的例子，對於一個完全不合文法的句子，或對

---

[17] 出自 Steven Pinker 所著《The Language Instinct》（London: Allen Lane, The Penguin Press, 1994）頁 15。

一個沒有明顯文法結構的句子，人們多半還是聽得懂。帶有清楚意涵的語助詞（expletives）也會讓人懂得，尤其是在雙方處於相同情境時。然而，「老天爺！」（Good God!）這句話雖然有清楚的意思，意涵卻可能差很多。例如：在教堂中出現、或在某件不尋常的事發生時出現。當然，聲調也會產生作用。如果要表述複雜的思想，文法當然是必要的。如果我們要說一些很複雜的事，語法結構也是必要的。例如：「在請教史密斯的意見之前，你可否現在先核對這份參考書目，並與第一版做一比較？」（Could you check this reference now and compare it with the first edition before you ask Smith's advise?），當然，這其中也牽涉了許多內隱未言的知識。所以，「請你有時尊重我一下，我們會（對你的背景）查閱一些參考資料」（Look me up sometime and we will look up the reference），這句話就有驚人的意涵了。

杭士基的理論與前述將知覺視為假設的這一想法並無不同，此假設是以一些法則來建構，並以先天知識與習得知識為基礎。問題在於：對知覺和語言而言，先天知識和習得知識的比例是多少？

先天知識本身最初是由天擇而習得的，雖然就杭士基提出的文法之深層結構來看，天擇的壓力究竟是什麼，我們完全不瞭解。如果這個深層結構獨自發展了好幾輪，當然此處會出現這個待答的問題，答案我不知道，也不知道去哪裡找。但可以理解地，語言結構衍生自前語言知覺分類（pre-linguistic perceptual classifications）；即對物件或動作的知覺之分類。對於動詞與名詞，我們可以如是觀之，不過這對語言的「精緻準確性」（exquisite precision）卻留下了一個謎團。

也許此處的重點是：我們對語言的結構與規則，可以做內部檢視。在某種程度上，我們可以感覺出一個句子是否完整或是否合文法，甚至在不知道明確文法規則的情形下，我們對 "She should have knowed better"

這句話，可感覺到這句話是錯的，也許我們也說不出為什麼它錯了。小孩子會犯這種過去式的時態錯誤，因為這些字的時態比較特殊，它們的規則與孩子稍早學到的簡單規則不太一樣。不過，有關知覺的規則，我們是看不出來的，它們必須藉由實驗才能發掘出來。

或許我們說不清楚：為什麼「不可能的物件」看起來不太可能？為什麼 Muller-Lyer 的這類變形錯覺與景深有關？可以想見的，知覺規則和語言規則一樣，是非常豐富的，只是還沒被完全瞭解罷了。

有趣的是：電腦的文字處理軟體會對文法錯誤發出警告，而且它們做得很好。這表示雖然最初只是直覺上覺得不對勁，但現在它們已可以被清楚地寫入電腦程式裡了，對各種主題的文章，這個程式都運作良好。對於圖像，還沒有一種電腦程式能像處理文法那樣，做得如此完美，雖然過去四十年很多人投入這方面的研究。早在 1960 年代末期，電腦程式即能分析及產生不可能的圖形，運用的方法類比於杭士基所提出的生成語法（generative grammars）[18]。

看到過去

隨著人類基因解碼的發展，Jackson 式的「考古」取向研究，在臨床上變得更具可行性。若想執行這類考古取向研究，並有效運用其成果，除了需明瞭比較體態結構（comparative anatomy）的細節外，我們也需要

---

18 參見 D. A. Huffman 在 Proceedings of the First Hawaii International Conference on System Sciences (Honolulu, 1968) 中所發表之 'Decision criteria for a class of "impossible "objects' 及 'Impossible objects as nonsense sentences'。另請參考 Bernard Meltzer 及 Donald Michie 所著《Machine Intelligence》6 版（Edinburgh: Edinburgh University Press, 1971 ）。

知道人類祖先的基因序列。這類研究能發展到何種程度呢？這類研究可激發人們撰寫科幻小說，但由於我們承繼了古老的知覺知識，這種研究或許也可讓我們藉由生物先天的當下反應（該生物的老祖宗熟悉這些反應），而一窺過去的生命形態，甚至可發現恐龍的聲音和顏色。從基因的序列及遺傳而來的反應裡，我們可找到消逝的心靈嗎？我們的基因符碼裡到底遺留了什麼？這可真令人有無限的想像。

動作與觀看

已有很好的證據顯示：人類的視覺包含了古老成分和晚近成分，兩者各有其處理「通道」（stream），兩者都從大腦後端的主要視覺區 V1 發散開來。在下顳葉皮質（inferior temporal cortex）的是腹側（*ventral*）通道；在後頂葉（posterior parietal cortex）的是背側（*dorsal*）通道，這與記憶有關。最早的想法認為，背側通道與事物在何處（*where*）有關；腹側通道與事物是什麼（*what*）有關。現在我們知道兩者的差別在於：立即動作和有意識的觀看（conscious seeing），而且似乎只有腹側通道處理有意識的觀看。

我們可從解剖證明上述兩種通道的存在，而對特殊腦傷的病人所做的功能性磁振造影也可顯示其存在。David Milner 和 Mel Goodale 發現一個名為 MM 的病人，她可以用手做精細的動作；例如她可以將一封信塞入不同角度的細縫中，但她無法有意識地去觀看這封信或細縫，她的視力可以為了（快速的）動作而發揮功能，但無法做有意識的觀看。

上述的臨床病例很具啟發性，但人們通常關注的是：這個例證的腦子是不正常的。在正常人中，我們可找到這種行為與視覺分離的證據嗎？在

錯覺中我們確實可以找到這種證據。有許多著名的變形錯覺（稍後我們會看到，並有詳細討論），係探究視錯覺（*visual illusion*）是否影響觸覺行為（*touch behaviour*），我們也可將這些錯覺當做實驗工具，來釐清「觀看」（seeing）與「動作」（doing）之間的差異。實驗證據顯示，在尺寸扭曲的錯覺下，手指仍能正常地撿取被扭曲的物件—此源於視覺被扭曲而觸覺行為正常，所以這實驗顯示：視覺與觸覺各有不同的神經系統[19]。

這些扭曲的尺寸都只有幾毫米，因此這些實驗都很難做，而且並非每次都能確定其結果。我們另找到了一個大尺寸且極明顯的錯覺實例——凹臉面具（Hollow Face），它可顯示觸摸目標物的瞬間，就跟該物的視覺經驗兩相分離。這個凹臉面具看起來，似乎是個鼻子凸出的正常臉孔—因為我們過去的視覺經驗裡是沒有凹陷面孔的；雖然受試者的觸覺確實正確感應到一個凹陷的面具，然而同時間在視覺上，卻出現近乎正常臉孔的錯覺。這一現象令人驚訝，因為當受試者觸摸凹陷面具時，腦子裡瞬間卻將它想成是凸起的面孔。這其中觸覺與視覺的分離現象非常地戲劇化。其他相關的實驗還有艾賓浩斯錯覺（Ebbinghause illusion，或稱 Titchner illusion），其中觸摸到的圈圈似乎較大 —— 其實這錯覺是因該圈圈在小圈圈的環繞下顯得比較大。

---

[19] 兩個視覺通道（腹側流、背側流）的想法始自 L. G. Ungerleider 及 M. Mishkinkin（1982），並由 David Milner 及 Mel Goodale（1955）發揚光大，最初的證據來自特定腦傷的病人。在極少數的正常人中，少了其中一個通道。參見 A. D. Milner 及 M. A. Goodale 所著《The Visual Brain in Action》（Oxford: Oxford University Press, 1955）及 M. Jeanerod 所著《The cognitive Neuroscience of Action》（Oxford: Blackwell, 1977）及 D. J. Ingle，M.A. Goodale，R. J. W. Mansfield（eds）等人合著《Analysis of Visual Behaviour》（Cambridge,MA: MIT Press, 1952）中，頁 549-86，L.G. Ungerleider 及 M. Mishkin 所寫之 'Two cortical visual systems'。

　　以上我們說明了：古老視覺系統可產生快速動作，晚近視覺系統則帶有意識而能產生認知上有計畫的行為。這一由古到今視覺發展過程的說明，便顯現了演化的意涵。

第三章 開光

「開光」（First Light）是天文學家為一架新的望遠鏡第一次觀測宇宙時所做的慶祝，透過這個巨大的玻璃眼睛，天文學家看到神祕的星體，有些星光來自遙遠的過去，甚至早於地球出現生命之前。

生命之眼的開光約出現在五億年前，當時的地球與現在截然不同。就像所有最美好的旅程，演化之旅也留下了逐日的紀錄，使得我們在心靈上可以重溫這段旅程。演化的關鍵時刻不僅保存在可反映過去的生物化石中，也保存在活化石裡，其中包括我們的身體結構與心靈。這是我們為什麼要回顧演化過程的一個好理由，唯有如此，我們才知道自己身在何處以及我們是什麼[1]。

我們常用類比來做思考，也用類比去觀看。對於獨一無二的東西，我們在實務上就無法找到類比去觀看或做描述了。我們對眼睛最早的瞭解，是藉由在暗室裡儀器所投射在螢幕上的光影──尤其是神奇的映寫暗箱

---

[1] 很幸運的，最近對物種起源的討論有一些很棒的書，包括對達爾文生平與思想的闡明，諸如：Howard E. Gruber 所著《Darwin on Man: Early and Unpublished Notebooks》，其中並有 Paul H. Barrett (New York: Dutton, 1974) 所做的註解。有關演化與生物哲學，有 Richard Dawkins 所寫的《The Selfish Gene》（Oxford: Oxford University Press, 1976）；《The Blind Watchmaker》（New York: Norton, 1968）。比較具挑戰的哲學分析，可參考 Daniel C. Dennett 所著《Dangerous Idea》（London: Allen Lane, Penguin Press, 1995）。

（*camera obscura*）[2] 這一暗室裡所呈現的影像。將眼睛與之相比，才讓我們瞭解到眼睛是如何形成影像的。反過來看，一些光學儀器的設計也受到眼球結構的啓發。在照相機發明前，達爾文曾將眼睛比做是天文望遠鏡，並藉此說明眼睛的構造。

很諷刺地，天文學家們用望遠鏡所發現的東西，幾乎無法用他們的直覺去掌握。天文上的遙遠距離與時間縱深，遠遠超過我們根據地球經驗所能做的想像。什麼是百萬英哩？什麼是十億年？天文學家可以計算出這些數字，但不一定能瞭解或想像這些數字背後的意義。科學的綿延發展往往能突破想像。

隨著知識與光學系統的發展，改變悄悄在我們看得到與看不到的地方發生了，經過五億年的演化，這些改變也發生在腦子與眼睛。如果我們不細想大腦的作用，我們是無法領會眼睛的功能與侷限的；因為眼睛只提供了感覺信號（sensory signals），要藉著大腦裡的知識才能將感覺（sensing）轉化爲知覺（perceiving）。要對知覺有所瞭解，除了對視覺的光學（optics）與生理學（physiology）要明白外，我們對於將意義（meaning）賦予感覺信號的知識，也要有所認識。我們會發現：不恰當的知識與錯誤的預設都可能造成災難，包括觀看時的災難與理解上的災難。

2　希臘人對光學成像沒有概念。利用針孔成像的映寫暗箱是十世紀時由 Ibn Al-Haytham（Alhazen）所完成。Giavanni Battista Della Prota（1543-1615）雖不是第一人，卻是大家熟知在映寫暗箱中使用鏡頭的人，這些實驗記錄在他的著作《Natural Magic》（1589）中，他並將映寫暗箱比擬爲人眼。Scheiner（1630）將牛眼的鞏膜拿掉後，展現了影像在視網膜上成像的事實。笛卡兒（Descartes）在 1664 年有相同的發現。

各種眼與腦的起源

　　演化對生理的「硬體」與知識的「軟體」都是關鍵，眼與腦藉此軟硬體來知覺外界的物與事。就生物演化而言，大家現在都接受天擇是關鍵作用，但我們似乎仍難以想像人類也是經過極長時間的演化而來；也很難領會，人類並不是造物主設計而成的作品，因為器官似乎很明顯是經過設計（*design*）而成的。對於這些問題的可能答案，實在太豐富了，以致於我們幾乎無法理解它們。若說這些事情的發生只是單純的機遇巧合，似乎也很難讓人相信，何況這些事也真的不只是機遇巧合。「來自機遇的天擇」，這是創造性智能（creative 'intelligence'）的演化基礎。雖然演化過程是盲目的且似乎不帶意圖，但它仍是個「聰明的」（intelligent）、具開創性的演化過程。

　　眼睛的演化對演化論是一項很特別的挑戰，因為眼睛的結構有很多地方都像經過謹慎且周詳的設計。當年正因為眼睛結構的複雜與精巧，使達爾文打了知名的「寒顫」（cold shudder）。眼睛的起源真的是盲目地嘗試錯誤（trial and error）而沒有設計者嗎？我們從許多史料知道，在1859 年底，達爾文在焦慮地等待他的巨著《物種原始》（*The Origin of Species*）問世之際，他的心中也在想著眼睛起源之事。他的批評者能接受他經過長年的觀察與思考後，所做的異端結論嗎？

　　達爾文與華萊士（Alfred Russel Wallace）[3] 兩人聯名於 1858 年發表了物競天擇論，世人讚譽他們的發現──是統計式的（*statistical*）

3　華萊士（1823-1913）在 1858 年 7 月 1 日於倫敦的林奈學會（Linnean Society）有類似的特殊經驗；馬爾薩斯（Malthus）也給了他靈感。華萊士在馬來群島及亞馬遜盆地（1848-52）收集了許多標本。但大部分的標本毀於船上大火。華萊士曾經將他的適者生存看法寫信給達爾文。二十年後，達爾文開始研究此一說法，並促成了《物種原始》的完成。

過程創造了生命的結構與過程。他們這一發現出現在統計學被學界完全理解之前，而達爾文也不是數學家。達爾文瞭解到真正的驅動力是競爭（*competition*），這是指不同物種的個體為競逐有限資源，所做的生存競爭。其中也有對天然災害的適應等問題，諸如乾旱、過熱等。達爾文與華萊士分別由閱讀馬爾薩斯（Thomas Robert Malthus, 1766-1834）的經濟學著作，而認識到競爭的重要性。馬爾薩斯是位數學家也是牧師。他的《人口論》（Essay on the Principle of Population）最早是匿名發表的，到了 1803 年又增添一些論點。令人驚訝的是：這本退休牧師的著作，挑戰了宗教上的既有解釋，且產生了戲劇性的影響，並在生物學上啟動了一個偉大的派典。

對於生物是不斷演化，且是未事先設計好的演化，這一論點從發表當時一直到現在都頗受爭議。很多人無法接受，這個世界裡生命的創造是沒有原始計畫的、沒有目標或意圖的[4]。事實上，生命是經過高明設計的說法，很容易得到支持，我們都看過並讚嘆動植物結構的美妙。這些都讓人覺得：設計生命需要某種智能 —— 一種超智能（super-intelligence），而達爾文卻揭示了一種盲目、卻超智能的統計式過程，是這一過程創造了所有生命（包括大腦與眼睛），而這一過程就是為得到少數資源而做的生存競爭。

現在，距離達爾文的洞見已 150 年了，演化觀仍讓人驚異，這個觀點實在很難用想像去領會。達爾文是如何辦到的？他的思想記錄在他的手札中。從 1837 的手札中可知，他已是個徹底的演化論者了；但在 1831 年他搭乘皇家海軍「小獵犬號」開始航行前，他對此說還存疑著[5]。1844 年，

4　在美國南方的許多州，《物種原始》是被丟進焚化爐裡的。一直到最近，阿拉巴馬州才對演化論在學校裡解禁。

5　根據達氏之子法蘭西斯·達爾文於 1906 年寫道：「在他 1831 啟航時，Henslow 給了他一本

也就是《物種原始》出版前十五年，他已對演化論有了完整論述，也想過了可能會被挑戰與遭駁斥的一些例子。他把自己找到的所有反證都寫在他的「黑皮書」中。這些證據有些是難以解釋的，有些是有巨大落差的，所幸達爾文對這些均已察覺到了。爲什麼蠍子在面對火焰時會將自己螫死？這個現象很困擾他，自殺如何能增加生存的機會？孔雀的豪華尾巴也讓他很困惑，拖著這樣一個累贅物與殘障何異？這些現象啓發了達爾文的另一個洞見：性選擇論（the theory of sexual selection）。我們現在已明瞭：性象徵（sexual symbols）是極爲重要的，即便付出重大成本都值得去擁有。眼睛精密複雜的結構對達爾文也是個大挑戰，他帶著這個挑戰上了小獵犬號，這個挑戰也讓他打了個「寒顫」。

達爾文的寒顫

達爾文在 1844 年所寫的《論文》中思考過眼睛演化的問題，此文中他把眼睛視爲一特殊挑戰[6]。天擇中的嘗試錯誤正確嗎[7]？在物競天擇論中，每一步的改變必須是有益的、有助生存的。對第一次出現的眼睛而言，此一理論說得通嗎？半成品的水晶體（lens）有何用呢？他在 1844

剛出版：由 Lyell 所著的《地質學原理》，並警告達氏不要相信書中所寫的。但達氏卻相信了書中理論。事實上，（如同赫胥黎 [Huxley] 強烈指出的）當均變說（uniformitarionism）的理論應用在生物學上，必然導致演化論的出現。如果一個物種的滅絕如同一個生物個體自然死亡一樣無奇，那一個新物種的誕生就如同一個生物體的出生一樣，有何神奇呢？這樣的想法早期出現在達氏 1837 年的《札記》中，他寫道：「如果一個物種產生了另一個物種，它們的生存競賽並未完全中止。」

6　見「Difficulties in the acquirement by Selection of complex corporeal structure」一節中。

7　「最適者生存」（survival of the fittest）這一名詞由 Herbert Spencer 於 1852 年創造。

年寫道：

　　就眼睛這一案例來看，就像我們在解說較複雜的本能時一樣，人們第一個反應是眼睛完全不適合用天擇論去解釋。但如果能顯示出：眼睛是從極簡結構逐漸演化成極複雜的形式，那麼事情就很清楚了——如果天擇確實能產生極微小的變化；如果的確有這樣一系列的變化存在（因為各種器官最初是怎樣一種極簡樣貌，我們對此問題完全無能為力）。複雜形式的器官有可能是逐漸由多次細微變化而發展出來的，而對每一案例來說，每一微小變化都有其用途。就眼睛而言，我們已看到各種樣貌的眼睛，且大致都是簡單形式，但彼此間並沒有逐漸演化而來的關係，反而有巨大落差。如果我們能擁有曾經演化出來的各種眼睛化石，我們就會知道這些眼睛結構的差異之大，已到了無法比較的程度……。儘管現存各種形式的眼睛，但要我們去猜測：許多簡單形式的眼睛，中間是經過怎樣的過程才變得如此複雜，這一猜測是最困難的。但是我們必須記著，一個器官剛開始的功能，在漸次天擇的過程中，有可能發展成另一個全新功能。這種外形上遞變的例子，生物學家已為我們找到：魚鰾是部分耳朵變來的，昆蟲的下顎是腿變成的，在此我們看到遞變的可能性。

　　身體的結構，從一種功能演化成另一種用途，這使得在此變化的中間期，產生了許多不明顯的益處。例如：眼睛的水晶體最早可能只是防止眼睛凹（eye pits）被雜物填入所出現的一小片窗戶而已，後來逐漸變厚，因為如此可增加影像的明暗對比，最後再變成可調整焦距的晶體。眼睛內的「底片」是由受光體（photoreceptor）組成（有點像數位相機），它們是由對觸覺敏感的古老神經末梢發展而來，觸覺是最原始的感覺，由它們掌管並發展出視覺（圖五）。

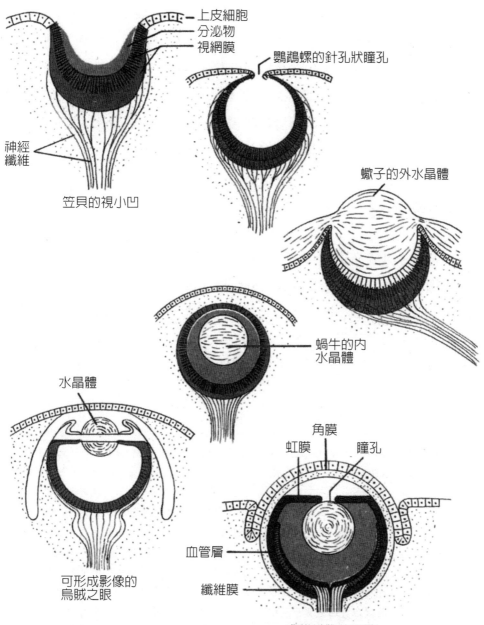

圖五：眼睛的演化。取自Gregory所著《Eye and Brain》

最戲劇化的功能改變要屬耳朵的發展了。魚的中線器官（midline organ）原本用來偵測壓力與震動，後來發展成脊椎動物的內耳柯蒂氏器（Organ of Corti），用來偵聽並分析聲音，這之間的轉變是很驚人的。耳蝸（cochlea）來自於早期魚類的顎骨（jawbone）。所以，我們能聽貝多芬音樂的耳朵，其原始機制是為了深海魚類而設計的。我們的耳朵原本是水下的感壓器官，而我們的眼淚有著古老海水的鹹度。

從觸覺到視覺

就視覺的起源而言，達爾文認為任何神經都可能變得對光線敏感，而一些觸覺感應器（touch receptor）聚集後，會逐漸對光更為敏感，這一區域後來變成一個小凹陷，增強了影子的明暗對比。這個小凹陷不斷加深，更加強了對比作用，直到小凹頂端形成了一個小孔，也就是現今鸚鵡螺（Nautilus）眼睛的模樣[8]。此時，眼睛變成了一個可形成影像的照相機

8　關於大腦對視覺的發展與涉入，H. B. Sarnat 及 M. G. Netsky 在《Evolution of the Nervous System》（New York: Oxford University Press, 1974/81）一書中，頁 29，有如下說明：

「眼睛與嗅覺的感應器，在脊椎動物演化的早期就發展出來了。這些構造在最原始的脊椎動物：如：圓口魚（cyclostomes），就已分化完成了。觸覺與味道透露了遠處環境的訊息。如果拿蛞蝓做對照，相較於脊椎動物的種係演化，我們就可以知道遠處訊息的重要性了。

從假設的遠祖脊椎動物開始，其神經系統在解剖上的組織化，在往後衍生的脊椎動物中，不斷的被重複與擴張。其基本形式是：後腦（hindbarin）接收身旁訊息，中腦（midbrain）及前腦（forebrain）接收遠處訊息。有關觸覺、溫度、味道、平衡的神經脈衝進入延髓，經由動作神經元做出立即反射性動作。至於眼睛與嗅覺的訊息，則分別傳入中腦及前腦。由於眼睛與嗅器知覺到的物體離自己還有一段距離，所以要做出反應還有一段緩衝時間，這一暫緩動作的延遲並不是一件壞事。遠處傳來的訊息需要時間去解讀後再做出反應。所以前腦就變得比較是聯想處，而延髓仍然是反射處。隨著前腦不斷演化，所有的感覺訊息最終都傳到前腦

了。這一改變使得神經系統也必須徹底再做改變，而藉由在空間與時間上對遠處事物的預警，也促進了聰明行為與聰明知覺的發展。

所有從觸覺輸入的訊息所形成的影像都是顛倒的。不僅上下顛倒、左右相反，所有移動影像在眼睛裡也是反方向的，這對神經系統的「傳輸線路」產生了重大影響，這個影響讓我們看到：人的右腦支配左側身體，身體各處的觸覺分布圖，在大腦皮質表面是呈上下顛倒的。這樣的配置可以縮短及簡化視覺與觸覺之間的交錯連結。由觸覺發展而來的視覺，在演化旅程中與觸覺保持如密鄰般的關係，其影響一直延續到現在。

眼睛藉由早期預警，提供了大腦可用來籌劃的時間。來自於觸覺及其他近身（proximal）的感覺告訴個體必須做出最快反應，此時即使是最原始的眼睛，也因能看到某種距離外的東西，而能為未來（future）提供預警。要想超脫當下，關鍵是要發展「細緻知覺」與「觀念理解」。這可以讓思考離開知覺，想像力亦因而能脫離此時此地而騰空飛翔，創造出新的可能，甚至創造出不可能。

人腦的體積很大，尤其是外層的皮質區域很大，為何如此？至今仍是未解之謎。人腦的重量與體重的比值，大約在四百萬年前，就開始超過其他哺乳類動物的腦與體重的比例。一般相信，這與人類能站立起來而靈活使用雙手有關。現今更認為，可能是雙手的使用促進了大腦的發展。發達的大腦進而又促進了雙手的技能，使得唯有人類能運用工具及科技來掌控環境，藉著對環境的掌控，又回頭使得我們的大腦能去發現感官之外的

去做解讀與綜合整理。但原始的延髓反射仍在，即便人類亦是如此。」

雖說大腦對光學影像的精微處理，大大地增加了眼睛的用處，但我們不能說如果沒有大腦對外物的解讀，眼睛是沒什麼用的。例如：對遠處移動物的知覺是很有用的，雖然對移動的源頭是什麼還不清楚，但移動物通常與危險有關，所以它傳達了可能危險的訊息。（值得一提的是：許多雷達系統排除了靜止的迴波，只讓移動目標呈現。）

東西。

是主動與被動的觸覺造就了單眼與複眼嗎？

觸覺有兩種不同的基本型式：一種是由許多平行感應器（receptors）組成的「被動」型觸覺（passive touch）；另一種是由一或數個會移動的感應器所組成的「感覺」（haptic）探測式的主動型觸覺（active haptic touch）。眼睛也有兩種基本型式：一種是由一個水晶體及多個感應器組成的「單眼」（simple eyes）；另一種是有多個水晶體，每個水晶體各有一條神經纖維的「複眼」（compound eyes）（圖六）。兩種型式的觸覺與兩種型式的眼睛，這之間有什麼關聯嗎？如果說眼睛是由觸覺發展出來的，我們很容易地就會衍生出「兩種眼睛是由兩種觸覺發展出來」的想法。

每一隻人眼的視網膜（retina）上有超過一億個感應器，連結到腦的視神經則約有一百萬條神經纖維，這兩個數目頗有落差，這是因為視網膜裡會隨著「運算」神經元（'computing' neurons）而出現化約作用（reduction），化約可以使視神經變得足夠纖細且富彈性，以便讓眼球轉動。人的視網膜很像一片馬賽克，由大量平行感應器拼成，眼睛跟著觀看者有興趣之外物的位置而移動，眼睛的移動引導著這些感應器。有一區的感應器密度特別高，位於視網膜的中心小凹（fovea），這使得該處的影像解析度（resolution）特別高。雖然這種平行式訊息處理快速而有效率，但相對於複眼而言，卻犧牲掉影像的複雜度（complexity），即便在高密度的中心小凹處亦復如此。

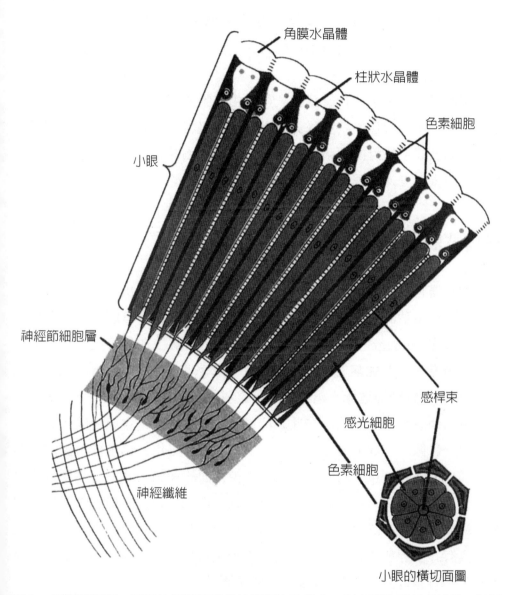

角膜水晶體

柱狀水晶體

色素細胞

小眼

神經節細胞層

感桿束

感光細胞

色素細胞

神經纖維

小眼的橫切面圖

圖六：單眼與複眼。昆蟲的複眼與我們的單眼比較起來，對空間的解析度較差，但對
　　　時間的解析度較好。

複眼則是另一回事。它有若干個水晶體，每個水晶體各有一條視神經。每個水晶體各指向略微不同的方向。昆蟲所看到的世界，就是由一根根神經所建構而成的。

單眼是否繼承了平行管道模式？係由被動式觸覺發展而來的嗎？複眼是否繼承了單一管道模式？係由主動式觸覺發展而來的嗎？較大且複雜的複眼，如蜜蜂或蜻蜓的眼睛，有足夠數量的水晶體做平行的訊息處理，但很小的複眼怎麼運作呢？

掃描式的眼睛

對於器官結構與功能的瞭解，往往仰賴科技所發展出來的新觀念。所以，想瞭解眼睛的光學成像（optical imaging），需要瞭解人造鏡頭是如何形成影像（image）的。對眼睛光學成像的瞭解，在科學史上是很晚近的事。希臘人對此並無認識，一直到天文學家克卜勒（Johannes Kepler, 1571-1630）詳細描述像人這樣的眼睛之成像，乃是藉由單一透鏡（lens）與數百萬個感應器所組成。在此之前人們是無法完整領會成像問題的。

對於影像的形成與發送還有另一種型式。如果用一個強度可調的光點做掃描式（scanning）的移動（如同電視畫面的顯像模式），那麼就可以建構一個即時影像。高速的電子儀器的確可採掃描模式，但我們很難想像在神經傳導慢得多的自然界中，會出現以掃描來發送訊息的方式。而大型複眼具有許多靜態的神經纖維，它是由少量可移動的掃瞄式感應器發展而來的嗎[9]？自然界中有這種掃描模式的眼睛嗎？

9　掃描模式在高速電子元件中運作得很好。就有效率的掃描而言，生物界裡的感應器與神經傳導顯得太慢了，所以如果掃描眼變成多管道平行輸入系統，應該不讓人意外。

　　H. Grenacher 在 1879 年描述了一種罕見的、僅針頭大的橈足類動物（Copepod）──方槳水蚤（Copilia quadrata）（圖七），它具有一種特殊眼睛，但奇怪的是 Grenacher 並沒有發現它是如何運作的。直到十九世紀末葉（1891）才由傑出的德國生理學家與博物學家 Sigmund Exner（1846-1926）對其加以研究。Exner 描述這透明而又美麗的方槳水蚤，身體裡有一對透鏡狀結構，展現著最生動的移動（*the most lively motion*）。後來我在 J. S. Wilkie（1953）《心與腦的科學》（The Science of Mind and Brain）著作中，看到他簡述了這種眼睛（該文未附圖片），使我懷疑這種眼睛是否為掃描式（*scanning*）眼睛。我們現在藉由電視掃描呈現畫面的例子，已熟悉掃描的運作模式，但在當時掃描的概念應該還相當混沌[10]。自從 1891 年 Exner 描述過方槳水蚤後，大家似乎就遺忘

---

[10] 利用時間序列的訊號，將一度空間轉化為二度空間，是由 F. C. Bakewell 約於 1850 年為他的拷貝式電報機（Bakewell 1853）所發展出來的技術。但當時大眾還不太瞭解這項技術與它的意義。一直到 1884 年，Paul Nipkow 發明了畫面掃描盤（scanning disc），這種掃描盤隨後在 1930 年代成為 Baird 發明機械式電視的核心設備。這種用單一管道，以掃描方式來傳遞空間訊息的觀念，在 Exner 時代應該是毫無所悉的。也無怪乎他當時不知道那是一隻眼睛，終其一生他都不知道。

以下是 Exner 在 1891 年發表的文章（Wilkie 1953）部分內容：

「我藉機研究木槳水蚤的生與死…，它是一種橈足類動物，僅數毫米長，身體扁平，從上到下呈等腰三角形狀。三角形的窄底是它的前緣，這個前緣的兩端各有一個令人驚豔的水晶體…Grenacher 曾經觀察過，我可以證實，這個水晶體由兩種東西組成：一個是呈凹凸面的膜狀透鏡，另一個是在前者之後，具強屈折力的雙凸透鏡。水晶體位在整個水蚤的最前端，在水晶體之後的，不是我們期望的視網膜，只是透明的身體。在更遠的後面，約身長的一半處，我們可看到一個構造，看第一眼你不會覺得與水晶體有關。那是一個圓錐狀的晶狀體，前端是圓弧狀，屈光力很強，疊加在一個黃色桿（細胞）上…這小桿是水蚤全身唯一有顏色的部分。圓錐狀的晶狀體靠著懸韌帶與前方的水晶體相連。有一條神經連到黃色桿（細胞）旁邊，這是視神經，還有一條橫紋肌連到這桿（細胞）上。

這黃色的桿（細胞）展現出最活生生的運動，而且是持續的。兩眼的桿（細胞）會同時朝向

了它。我決定與同事去尋找它，1962年我們啓程到那不勒斯灣（Bay of Naples）去尋找方槳水蚤，七十年前 Exner 在這裡看到它，之後就沒有人找過它了[11]。

我們每天用吸管及低倍顯微鏡，在數公升充滿浮游生物的海水中尋找方槳水蚤，困難到我們幾乎要絕望了。終於有一天，我們確認了一隻活生生的方槳水蚤 —— 真的有一雙移動的水晶體（lenses）在它透明的身體裡。它真的很美。在身體中間的兩個水晶體真的是反向而動，由一條肌肉支配，呈鋸齒狀的掃描式移動[12]。這個移動，伴隨著一根視神經，呈鋸齒狀，並以每秒 0.5 到 5 次的掃描頻率，不過這中間有差異[13]。我們還觀察到在一陣強烈的掃描之後，會伴隨著一段較長的休止期。此時它

或離開身體的中線，就我的觀察所及；雖然沒有真的去測量，兩邊的桿（細胞）與其水晶體是保持相同距離的。我用測微器測量從水晶體後極部，到圓錐晶狀體的前緣，距離是 0.87 毫米。⋯⋯我將水蚤的頭部前緣做了一個切片，將之放入水中，並使水晶體的後面朝著顯微鏡的接物鏡頭。我看見了由水晶體所形成的美麗影像。這個影像距離水晶體的後極部是 0.93 毫米。」

[11] J. Z.（John）Young 教授，當時是倫敦大學學院解剖系主任，很熱心地幫我們在那不勒斯的 Zoologica Stazioni 安排了研究室，該研究機構的人員幫我們收集標本。幫助我的人還有 Neville Moray（他是牛津動物學家與心理學家）及 Helen Ross（是個研究生，與我一同研究太空人的知覺問題）。我們對動物學方面的知識與經驗極為有限。

[12] 就方槳水蚤（Copilia quadrata）而言，首先奇怪的是：它屬橈足類，而它的腳卻不是槳的形狀。它的前緣是方形的，兩邊的大水晶體就像兩個汽車的頭燈，蠻符合它的名字：quadrata（方形）。水蚤（copilia）一詞也很合適，因為它美得讓人難忘，迷人之處在於奇特的透明卻又能被看見。實際上它是不容易被注意到的，即便在培養皿的範圍內都容易疏忽掉。雌性水蚤身長 5-6 毫米，寬 1 毫米。它的前水晶體很大而且是固定的，可移動的後水晶體連結到一個桿狀感光細胞，這細胞彎曲向內，像是一根曲棍球球桿。感光細胞呈橘色，這是水蚤身體上唯一有顏色的部分，它體內的所有結構以低倍顯微鏡可清楚看到。

[13] 鋸齒狀的移動應該是為了掃描，視覺訊息應該來自較慢的掃描，因為來自快的掃描訊息都被摒棄了，以避免訊息重複的錯誤。

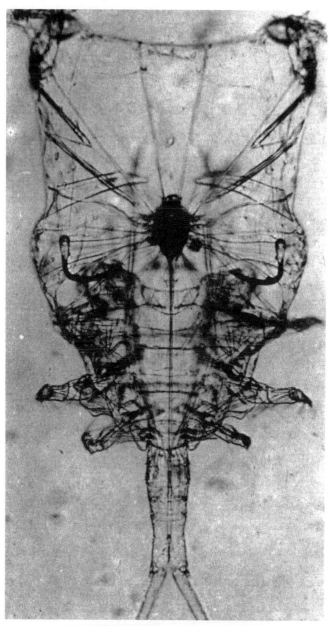

圖七：方槳水蚤：單一管道掃瞄式眼睛。

看起來像是死了，因爲通體沒有任何移動的跡象。它沒有心臟[14]。我們最後確信這種眼睛是單管道式掃描眼（single-channel scanning eye）。至於它是否爲大型多管道複眼（multi-channel compound eye）的原型——大型複眼似乎是把單管道倍增到足夠數量，以利平行資訊處理（parallel processing）——這實在是個引人思量的問題。方槳水蚤本身並不是人類的直系祖先，但它也許是單管道式掃描眼的遠祖。至少它顯示了：在自然界中掃描式眼睛存在的可能性[15]。

過去我未直接閱讀 Exner 對方槳水蚤的詳細全文，當時我猜想他對掃描也沒什麼概念。但最近我讀由 Roger Hardie[16] 的英譯版，我發現 Exner 的確已注意到掃描現象，只不過他是將此現象與觸覺做類比，他寫道[17]：

方槳水蚤看東西的方式，是對牠的水晶體投射在單一視網膜細胞上的影像做取樣（sampling）。潛藏在這種認識外物下的心理過程（psychic process），與我們用手指沿著物體觸摸，將連續的感覺予以完形（Gestalt form）重建而認識物體，其模式是一樣的。這種視覺（vision）也類似於我們以轉動眼球來產生知覺（perception）。

---

[14] 某些橈足類有心臟，有些則無。這種分類是靠死亡的標本特徵而做的，但不跳動的心臟很難觀察到，所以未將此類生物納入橈足類。

[15] 我要感謝 Michael Land 所提供的資料。他和 D. E. Nilsson 最近（2002）的合著《Animal Eyes》（Oxford: Oxford University Press），很引人入勝。

[16] Roger C. Hardie 及 Sigmund Exner 合著《The Physiology of the Compound Eyes of Insects and Crustaceans》（Berlin: Springer-Verlag, 1989），頁 93-7。此書譯自德文書（拿不到原文書）《Die Physiologie der facetttierten Augen von Krebsen und Insect》（1981）。

[17] Hardie (1989: 96)。

1960 年我讀到 Exner 文章的摘要時，基於我們對電視的認識，自然就知道方槳水蚤的眼睛是一種掃描式的。但對十九世紀的 Exner 而言，他的觀點是一項了不起的成就。

只有幾條視神經的眼睛該怎麼辦呢？如果沒有足夠多管道去進行平行訊息處理，這種眼睛想必要靠擺盪式的掃描移動來運作。最近在深海發現了一些僅有數條視神經的生物，這些發現主要是由 Michael Land[18] 所做出來的，他對生物特殊光學系統有專精的研究。

有一種我們相當熟悉的多神經掃描眼動物——水蚤（daphnia）（圖八）。通常可在寵物店裡買到它們，可惜都被拿去餵金魚，所以一般人不會注意它。其實它比金魚有趣多了。在低倍顯微鏡下，可知它的眼睛是由 22 個小眼水晶體與感光單位組成，像是一個強勁扭動的桑椹[19]，而這不正是掃描（scanning）眼嗎？

似乎只有方槳水蚤才只有一根掃描式的光學指頭，但它是掃描眼的極端例子，比電視早了幾百萬年出現，而且是由自然界發明的[20]。

---

[18] 詳見由 M. F. Land（1988）於 J. Exp. Biol. 140: 381-91 所寫《The function of the eye and body movements in *Labidocer* and other copepods》。Land 更多的相關著作，請參考 R. L. Gregory 著《Evolution of the Eye and Visual System》Vol. 2《Vision and Visual Dysfunction》ed. John R. Cronley-Dillon and Richard L. Gregory (London: Macmillan, 1991) 中的《Origins of eyes—with speculations on scanning eyes》。

[19] 從技術層面來看，人眼的運動不是掃描式的。人眼的運動是一種快速的彈跳（跳躍式掃視），這種模式與掃描式剛好相反。這種彈跳速度之快，可防止眼睛在彈跳時捕捉視覺訊息。然而，當人眼追蹤一個移動目標時，此時的運動則不是跳躍式的，而是平滑式的，這可以讓眼睛持續捕捉視覺訊息。此兩種運動模式都不是掃描式的，它是將眼睛所看到的不同畫面傳入大腦，再由大腦加以同時平行處理。

[20] 有一種大型的海中橈足類，叫唇角水蚤（labidocera），Parker（1891）曾對它有所描述。雄性唇角水蚤有兩個視網膜，可在水晶體表面上旋轉 45 度角，Parker 記載如下：「……經由後面肌肉的收縮，視網膜相對水晶體外表面而言，會往上與往後移動，造成視軸不是往背部；而

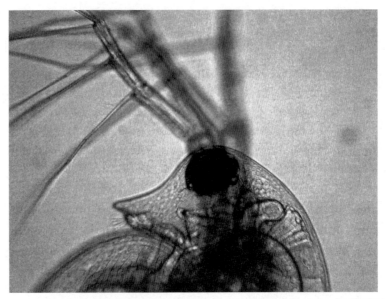

圖八：水蚤 —— 用它的22根光學指頭作掃瞄嗎？水蚤在寵物店很容易買到，用來飼養金魚，但它的有趣之處遠超過一般人的想像。用低倍顯微鏡可看到晃動（掃瞄？）的22個管道的眼睛。

人眼

值得一提的是，人眼不但運用多管道處理訊息，而且還會持續移動，以顫動及快速跳躍的方式去做「掃視」（saccades），從一個固視點快速跳到另一個固視點。證據顯示，視知覺（perception）是在固視（fixation）時產生的，而眼睛的轉動卻是身體各種活動裡最為快速的。

是往前及往上傾斜，與原視軸相差了45度角。但視網膜在此角度僅停留極短的時間，隨即由前肌肉的牽引而回到正常位置。視網膜的往後移動非常快速，好像是它眨了一下眼一般。」這一段觀察描述基本上是被確認的，Michael Land（1988）做過更深入的觀察。Land發現此視網膜的移動是「一陣一陣的，一次移動約持續數秒到一分鐘，每次移動中間相隔數分鐘。」

人的眼睛也會做持續性擺盪，頻率約爲 30-70 赫茲，這可能是因眼睛一直在四處瀏覽，希望找到最佳的固視時機。天文望遠鏡會受大氣氣流影響，它的攝影效果得憑機運——也就是大家熟知的「幸運成像」（lucky imaging）；而取樣法（sampling）是一個有效的解決辦法。早年我（Gregory, 1964）就提議運用此法，且使用多年，但直到現在出現高速電子相機後，這種取樣法才眞的有效。我們不知道「幸運成像」對眼睛是多麼重要。

人眼靠著有創意力的大腦將有限的資訊小題大作，而能顯得觸類旁通與博學多聞。就「一般的」視覺需求而言，人眼運作得很好；*感光的桿狀細胞*（*rods*）*與錐狀細胞*（*cones*）*緊密排在一起*，但離開視網膜中心後，越往周邊數目就越少了，不過一般人很難察覺。我們總以爲我們把周圍的事物看得很清楚，但高解析度的視覺其實僅限於視野的中央一小塊區域，即小凹（*fovea*）處。整個視野是由眼睛在持續移動中的每個暫停快照所組成的。各種感官所提供的訊息都有其侷限，不足以描述外界事物的全貌。腦子構造較簡的生物，會發展出相當特殊的感官，爲其特殊需要提供訊息。許多生物的眼睛只提供少數的訊息，例如：移動的訊息，但對於形狀、顏色的訊息則未提供，或僅提供一點點訊息。這種特殊化的眼睛運作有時比我們的眼睛還好。就看見快速移動物的能力而言，我們的眼睛與蜻蜓沒得比；但對形狀的知覺而言，複眼就相對遲鈍多了。即使是最大型的複眼，它們視力的銳利度都很差；不過它們對短波長的光（如：紫外線）非常敏感，可形成相當清晰的影像。

某些生物具有迥然不同的感官。蝙蝠有著極好的聲納系統（sonar），可發出強大的聲波以反應獵物（如：飛蛾、甚至是蜘蛛網），讓它們在黑暗中可「看」到東西。各種感覺系統的多樣性、構造的複雜

度與微型化，其神奇程度眞的已到了讓人難以置信的地步[21]。現今最先進的軍用雷達與蝙蝠相比，仍非常遜色。

　　模擬其他生物的感官並想像它們所看到的世界，是件有趣的事[22]。我們可用一束吸管或漏盆來模擬簡單版的複眼視覺，我們也可以戴上染色鏡片來模擬有限色覺的動物所看到的世界。但嚴格地講，要體驗蜜蜂或蝙蝠的感官世界是不可能的。但某些跡象確實可提供跨物種間的想像，例如：共同的錯覺。

　　動物本身的色彩與它們的色覺（colour vision）無關，而是配合牠與外物互動時視覺的需求，尤其是配合獵物或交配對象的色覺。以花朵而言，它的顏色當然主要是爲了吸引昆蟲而不是人類，雖然人類對花的顏色與形狀似乎也出現了與昆蟲一樣的偏好，因爲花朵對人類的吸引力實在太強烈了。在紐西蘭花是白色的，因爲當地原本並沒有土生昆蟲。有毒昆蟲的身上會帶有具警告意味的紅色斑點，而牠們的掠食者則對紅色特別敏銳。如果用紫外線底片或紫外線濾光鏡去拍照，相當於將可見光譜往上移動半個八階度（octave），這時我們可約略體會到昆蟲所看到的世界，亦即看到花粉在白花上的蹤跡；有些圖形吸收了人眼看不見的紫外線，但有些圖形則反射出紫外線，昆蟲們看得見這些圖形，而我們人眼卻看不

21　各物種視器的差別，請見 Howard C. Hughes 所著《Sensory Exotica》（Cambridge MA: MIT Press, 1999）。有關脊椎動物眼睛的權威參考書目，請見 Gordon L. Walls 所著《The Vertebrate Eye and its Adaptive Radiation》（New York: Hafner, 1942）。

22　否定人類可以想像其他生物的感官世界之說，請參見美國哲學家 Thomas Nagel（1974）的高見「What is it like to be a bat?」，發表於十月號《The Philosophical Review》。另請參見 Douglas R. Hoffstadter 及 Daniel C. Dennett 所著《The Mind's Eye》（New York: Basic Books, 1945）。

見 [23]。

　　飛蛾翅膀上的眼睛圖形，使得有圖形知覺的鳥類能夠看見這些眼睛，而做出錯誤判斷。這種眼睛圖形可騙過鳥類，但騙不過我們，這是因為人們的圖形知覺更為細緻，但這也不足為奇，因為我們的腦子比一般動物大得多。不過我們的確也會被偽裝的顏色或形狀所欺騙，如：竹節蟲。當然，不同物種間的知覺差距是很大的，但動物與人類之間仍有一些共同的錯覺，這可以讓我們連結到億萬年前的一些經驗——那些場景裡人類的祖先還沒有腦與眼可言。最大的不同是我們的觀念與理解，因為人眼看到的是根據我們人類的知識，這在自然界是很特殊的。

　　若想要體驗（experiencing）視覺的演化，最貼切的方法是運用眼內晚近才高度發展出來的中心小凹，去注視視野中央的物體，然後目光移到越來越周邊，如此，視野中央物體的影像就會落在眼內古老的周邊視網膜上。而這短短的移動，在演化旅程上可能走了十億年，在此體驗中我們先是看不出中央物體的顏色，接著看不出形狀，到最後僅能看到移動和閃光。當然，這些都太富想像了。我們連自己父母或孩子的感覺都不太能確定，就更別管遠古或簡單生物的經驗吧。唯有我們這批眼與腦的正當擁有者，才有機會進入異常現象（phenomenal phenomena）的世界裡。

---

23 Howard Hinton（1973）對昆蟲的紫外線視覺有圖文描述，見 R. L Gregory 及 E.H. Gombrich 合著《Illusion in Nature and Art.》ed. (London: Duckworth)，頁 97-159「Natural Deception」一節。

　　此書中我們對異常現象（*phenomenal* phenomena）的興趣，更大於對物質世界（physical world）現象的興趣。我們把腦子視為處理心智符號的器官。這讓我們回想起十七世紀英國哲學家洛克（John Locke, 1632-1704）。身為牛頓（Isaac Newton, 1643-1727）的朋友，洛克試圖在哲學與科學之間搭起一座橋梁，他當時的一些論點在今天看來仍饒富趣味。

　　洛克掌握了我們現在觀點的一些關鍵，尤其是「我們身邊的物體其實並不是它們顯現的樣子」的觀念。他與牛頓都體認到：東西看起來有顏色，但其實沒顏色，甚至光線也沒顏色。他們已理解：顏色是被大腦創造出來的，如果沒有適當的眼睛和大腦，整個世界是無色的。

　　牛頓在 1704 年（洛克過世之年）發表的《光學》（Opticks）一書中說：紅光本身不是紅的，而是造紅者（*red-making*），綠光其實是造綠者（*green-making*），其他各種顏色以此類推。牛頓以最強烈的措辭寫道：

　　任何時候當我提到有顏色的光／光線或色光時（我知道自己說的並不合哲學，也不正統，而是非常粗略的），主要是根據普通人（Rulgar People）看到這些實驗（Experiments）時，容易產生出的一些觀念（Conceptions）。確切地說，光線是沒有顏色的。光線所擁有的乃是一些能量（Power）及傾向（Disposition），能激起對各種顏色（Colour）

的一種感覺（Sensation）。

物體外觀好像顯得（appear）有顏色，這真是個驚人的想法：我們是在心理上，將腦子創造出來的顏色，投射（project）到無顏色的物體上。而實際上我們所看到的，有多少是感應（receive）自外在的實體世界？有多少是被腦子創造（created）出來的呢？錯覺現象是一種好工具，可以讓我們找出：物體的外在世界是什麼，而什麼是在腦子的虛擬實境（virtual reality）裡創造出的。

洛克對這個問題，在他的文章《人類理解論》（Essay Concerning Human Understanding）（1690）中有所討論。他嘗試去分辨他所謂的：事物的第一（客觀的 [objective]）性質及第二（主觀的 [subjective]）性質。後來人們發現，要分出這兩類極為困難，有些哲學家則認為根本不可能。羅素（Bertrand Russell）在《西洋哲學史》（A History of Western Philosophy）一書中曾說洛克不全然是對的，但他卻是「所有哲學家中最幸運的一位」[1]，因為：

不僅是洛克的正確觀點很有用；即便是他錯誤的觀點在實務上也都很有用，例如：他的第一和第二性質說。第一性質是指那些與物體不能分割的東西，他列舉了：硬度、延展性、形狀（外觀）、動或靜、數量等。第二性質是指物體所有其餘的部分，是指物體的顏色、聲音、味道等。他主張第一性質就在物體本身裡，相對的，第二性質卻在觀察者身上。所以，沒有眼睛就沒有顏色，沒有耳朵就沒有聲音，以此類推。

---

[1] 見 Bertrand Russell 所著《A History of Western Philosophy》（New York: Simon & Schuster, 1954），頁 629。

羅素認為第二性質說是有些道理的，但就如主教 George Berkeley（1685-1753）所指出的，這些道理很多也適用於第一性質。羅素說：「從 Berkeley 以後，洛克的二元論（dualism）就這一問題來看，在哲學上就已過時了。」洛克試著將心靈與物質分開，而提出的第一和第二性質論，羅素對此繼續說道[2]：

　　我們所接受有關聲、熱、光、電的觀念，都是建立在：物質世界僅係由移動物質組成的理論之上。就實用面而言，這理論是有用的；但在理論上它可能有誤。這就是洛克學說的特點。

　　羅素對知覺（perception）的解釋被稱為中性一元論（Neutral Monism）：即組成知覺的東西，既不是物質（matter）也不是心靈（mind），而是介乎兩者之間。電腦對我們現在討論心物議題是有其影響的，而羅素的觀點是在此影響出現前就提出的。我們真的很好奇，如果羅素看到一台電腦——這台會吱嘎作響的機器有如人類的生理大腦，而這機器硬體竟會讓程式軟體進行運作，此時不知羅素會對心靈有何看法。他會改變中性一元論的主張嗎？他也許會說：電腦軟體只是對心靈提供了一個蒼白的說明，電腦軟體並沒有給感覺或第二性質說提供容身的空間。

　　眾所周知的，愛爾蘭這位哲學家 George Berkeley 根本否定物質的存在[3]。更正確地說，他認為當知覺不存在時，物質也就不存在了。不過他也

---

[2]　見 Russell 所著《A History of Western Philosophy》，頁 630。

[3]　愛爾蘭哲學家 George Berkeley 1685 年出生於 Kilkenny 附近，受教於都柏林三一學院，在那裡他完成了《視覺新理論》（Essay on a New Theory of Vision）（1709）一書。他認為觀念來自習慣性的感覺。他在美國住了幾年，隨後成為愛爾蘭 Cloyne 地區的主教。

承認，屋裡的火可讓一間空屋保持溫暖，所以火一定存在 —— 雖然此時無人目睹此火。他認爲上帝一定在看著這空屋裡的火 —— 上帝容許東西離人藏著而存在。但 Berkeley 難道不是以上帝來騙人嗎？我們可以借用 Ronald Knox（1888-1957）諷刺 Berkeley 的打油詩來表達 ——「即便園中無人，樹仍會一直在那兒，因爲它是由你忠實的上帝看管著！」

後來 Berkeley 做了主教，在當時他的說法可能有了更強的防禦力，但現在他對我們這些人而言可沒這種防禦力。也許有人會問：誰目睹了上帝，而讓祂存在呢？如果上帝的存在不需要目睹者，那物體的存在爲何需要目睹者呢？無論如何，有關反對洛克的第一與第二性質的分隔論，Berkeley 確實將相關重要辯論又往前推進了一步。問題在於：什麼是第一、第二性質，端看我們對知覺抱持何種理論，而這些理論會隨著科學家對物質性質的瞭解而有所改變。

洛克將外觀與實質區隔開來的主要證據，係來自於錯覺現象。就如同 Berkeley 指出的，物體在遠處顯得較小，當我們繞著物體看，它的形狀會有變化 —— 然而大小與形狀應該是存於物體本身的第一性質 —— 而並不是源於觀察者的第二性質。那麼第一與第二性質基本上有何不同呢？

觸覺似乎是最直接而又可靠的感覺了。但是（如同 Berkeley 指出的）如果一個人將兩隻手先分別放入冷水與熱水中，然後再將兩手同時放入溫水中，此時溫水會讓人同時感覺到熱與冷。但一樣東西不可能同時又熱又冷，如果我們主張知覺是與物體直接關聯的，則不可能有此知覺（*preception*）。姑且不管僅僅第一與第二性質就受到許多質疑；如果洛克的二元論是正確的，則應該不會出現這些難題才對。

無論如何，二元論普遍受到現代哲學家的打壓（如：Dan Dennett）[4]。

4　參閱 D. C. Dennett《Consciousness Explained》（Boston, MA: MIT Press, 1991）一書。

笛卡兒的心物（mind-brain）二元論似乎尤其受到誤導了。這樣一來，我們能接受洛克的物質實體與心理表象的二元分立論嗎？我認為可以，而且有支持的證據。視覺與實體世界的分離狀態，眼睛裡圖像（即視網膜影像）的發現，即提供了絕佳的證據。這個圖像讓我們看到外在世界，雖然它們從來沒被人看見。

意義

　　意義（Meaning）很難定義，到目前為止也無法測量。有人說現狀是一種意義的覺察，而這種意義是與過去的經驗相類比而得到的。所以，當知識隨著經驗而增加時，事件、物體、圖片、語言等的意義也就越來越豐富了。這其中也包括了情緒的意義。我們從圖片「讀」到的意義，是來自於我們與這東西在不同情形下的互動所獲得的知識。所以很神奇地，我們看圖畫上的色塊組合不是色塊，而是——比如說：是一個哭泣的女人。這是我們將過去對女人與哭泣的經驗投射在那些色塊上。反過來說，藝術作品也能藉由凝聚注意力、提供新情境、提出新問題等方式，來增加生命經驗的意義。例如：為什麼這畫中的女人要哭泣呢？在該情形下，別的女人或男人會哭泣嗎？我這個觀賞者也會有相同的反應嗎？一般而言，增加經驗與教育，可以增加我們瞭解藝術品意義的能力，也可藉藝術品豐富我們經驗的意義。如果我們對畫中物欠缺知識，對這些東西在各種情境下，對我們的影響也沒什麼認識，則這幅畫將不具意義，只是一堆色塊而已。

　　人們為了不同的用途，所讀取到的意義也會不同。基本上知識就是為用而生的，但該知識的意義卻因人而異，同一人在不同時間點，其意義也不相同。藝術家與科學家之間的意義差異更是可觀，因為兩者的知識基礎

是如此不同，對知識的用法也天差地別。藝術家與科學家間的溝通並不容易，但非常值得。當然對藝術家而言，重點在個人的（individual）意義；而對科學家而言，更重要的是共享的知識——被人接受這知識是客觀的。

到目前為止，我們還只是要求人類能解讀意義，但現在電腦就要趕上來了。我猜想，如果機器可以將訊息組織成知識，它將會如人類一樣，藉由意義來運作。屆時，AI 人工智慧將真正展開雙翅，飛向不可預知的未來。它們所謂的意義可能將與我們人類非常不一樣。

重要性

能看出一個現象的**重要性**（Significance）與發現一個現象是同樣重要的。例如：牛頓從三稜鏡產生的彩虹，看見其重要性。我們現在已經知道，三稜鏡可將陽光折射出各種色光（牛頓將其名為：紅、橙、黃、綠、藍、靛、紫）。牛頓當時在劍橋的園遊會上可以買到那種細長的玻璃稜鏡，用在吊燈旁可產生晶晶亮亮的五彩色光。天才的牛頓對此現象產生好奇，最後發現顏色並非來自玻璃而是陽光——藉由稜鏡將不同的色光按次序舖陳開來。牛頓從大家熟悉的現象看到了重要性，讓人們以新方式去理解光與顏色。

為什麼某些現象特別具有重要性呢？就值得科學探究的角度來看，觀察和實驗必須具備兩種重要性：觀念上（conceptual）的重要性與統計上（statistical）的重要性。兩者都必須是讓人驚奇的，而且被接受是真的。對解釋（explanation）而言，上述原則仍然適用，亦即解釋必須兼具驚奇性與可信性（believable）。本書特別關注觀念上（conceptual）的重要性——即該現象所帶有的**意義**（meaning）。對科學而言，訊息的可靠性

（reliability）非常關鍵，不能是假想的資訊。此書中我們要討論的現象，其存在性都沒有什麼重大疑慮，有趣的是該怎樣解釋這些現象，以及它們意味著什麼。這牽涉到一些背景知識與預設，這些知識與預設或許具有爭議性。讀者可能不同意我在此書提出的某些詮釋（interpretations），也許將來會有更好的說明，我相信將來一定會有。

　　一項觀察或一項實驗結果看起來越不可能，則它所傳達的訊息就越多。但如果過度不可能，那也就不值得相信了。一個觀察或解釋能真實到被大家接受；且新奇到能引起大家的興趣，這兩者同時出現的機率僅形成一個相當狹窄的範圍。

　　我再重複一次：如果一項實驗結果完全符合預期，那麼這個實驗其實沒有傳遞什麼訊息；如果該結果過度不真實，則人們不會相信它。在我們的文化（我們共有的知識與預設）裡，對於鬼魂與奇蹟，我們都不認為值得投注太多的金錢與時間去探究，就是基於這一道理。但如果那些特異現象是真實的，那麼它們將無比重要。它們會傳遞非常豐富的訊息，而能讓我們重新思考物質與心靈是怎麼回事，以及大腦究竟在做些什麼。對某些人而言，本書的論證會讓他們覺得值得認真思考；但對某些人而言，則會覺得想在本書發現黃金的機會實在太低了。而這些判斷都是科學的藝術。

第五章
種類與起因

本書主旨在介紹視覺現象，並根據它們的種類與起因予以解釋與分類。分類時，先依據光的物理因素（*physical causes*），再依神經訊號（neural signals）被擾亂的生理（*physiological*）因素，再到認知（*cognitive*）過程。此一過程中，大腦會用規則與知識對感覺訊號產生意義，不過有時大腦也會犯錯。

認知過程可分為兩部分：一是一般規則（*rules*），一是對物體與該情況的特定知識（*knowledge*）。知覺（perception）是對感覺主動賦予意義，為的是即刻的行為或規劃未來。

生理 - 心理學之間的連字號

要分辨生理的（*physiological*），與認知的（*cognitive*）並不容易，而且還有一些爭議。說白話一點，也許可以說兩者之間差異就好像：一部機器如何運作（*works*）及它做（*does*）了什麼之間的差別。大腦是一部機器，而上述白話的說法適用於所有的機器。例如，一個開罐器需要兩部分描述：一是描述桿槓與切刀構成的機制（mechanism），二是描述在開罐的過程裡，此一機制做了什麼。這開罐器可以打開某些罐頭，但有些罐頭可能不適用。智慧型的開罐器可以視不同的罐頭而調整形狀，以發揮

功能。「硬體」的開罐器需要有知識與規則的「軟體」，才能處理各種罐頭與狀況。這軟－硬體的差別，在電腦上再清楚不過了，對於腦子與心靈（mind）而言，理解兩者的差別尤其重要。

生理的處理過程是如何連結到心靈的呢？換句話說，生理－心理學（physiological-psychology）這一詞彙之間的連字號是什麼呢？安慰劑效應（placebo effect）是指病患將假藥丸視為真藥，服用後也果真獲益，此效應意味著生理與心理之間有密切的連結。思覺失調症（schizophrenia）中的創傷症候群（traumatic symptoms）要採言語治療或藥物治療，這一分辨可是件大事。此處對生理與心理做分辨將「不僅是學術討論」而已，這討論還真的可以改進治療方式。

來自錯覺的真相

一個錯覺也許起因於物理上（*physical*）光的擾亂，此擾亂可能在抵達眼睛之前就產生了，也可能緣於眼或腦的生理（*physiological*）失誤。另外還有一種微妙的情形——是對正確的感覺訊號做了錯誤解讀（*misreading*）[1]。感覺訊號是否或如何被錯誤解讀，則根據當下情境而

---

[1] 試舉一現代的例子來說明：如果一位火車司機駕車闖越一個應該出現紅燈的路口，也許是號誌壞了，也許是他沒看到。來看看神經系統發生的事情，原本眼睛及其他感官會將訊息送至大腦中，但某處出了差錯，也許是神經訊號沒有達到大腦（沒有扭曲或其他錯誤），也許是大腦沒對訊號賦予正確意義。這可能出於大腦的生理功能故障，或訊息被錯誤的假設及不適當的知識所解讀。雖然這種生理－認知的區別是知覺的基本要求，但做起來並不容易。生理性錯誤與認知性錯誤有驚人的相似性。例如：兩者所產生的扭曲（distortion）都包括了長度、彎曲、大小、距離等扭曲，但其起因則有根本差異。也許要有設計更精緻的實驗，才能決定某錯覺現象是屬於哪類扭曲。專家們之間的意見是很分歧的——這很自然，生理學家偏好生理性的解釋，心理學家偏好認知上的解釋。各專家都得意的「擁有」有趣的現象。

定，因為知覺完全是依據當下情境產生的。

　　一個很重要的區別方法，過去我曾提過，即分辨是來自*由下而上*（*bottom-up*）的感官訊號，還是*由上而下*（*top-down*）來自大腦的知識。有些錯覺是因「由下而上」的錯誤訊息，有些則是「由上而下」將正確的訊息誤讀了。雖然兩者在觀念上迥然不同，但實際上要分辨兩者是頗困難的。

圖片

　　雖然圖片並不是真正的外物，但視覺研究中我們常借用圖片，如果圖片所要傳達的**另一物體**（*other object*）是在另一時空裡，則此圖片其實相當古怪。無論如何，與其說有種錯覺叫做圖片錯覺，不如說圖片*提示*（*allude*）了某物體[2]可能更好。

　　只有運用有效的錯視畫（Trompe l'Oeil）（或高寫實照片）才能在視網膜上形成幾乎與真實物體相同的影像。很顯然地，當我們看一幅圖片時，其實我們是接受了它代表或提示（*allude*）了圖中時空下的某件東西，例如：人物、建築物等。所以圖片有雙重現實。第一重現實是人們看見的那張物質圖片，而人們也藉圖片看見遠超過此物質圖片所呈現的第二個現實。

　　最奇怪的是，圖中的人物看起來像是活生生的，具有個性，好像要做什麼或說什麼似的。是我們對人物的理解，使得這些冷硬的布上畫像、石雕像、金屬雕像都活了起來。

2　心理學家 Nicholas Wade 曾以此方式使用「提示」（allusions）這個字。

感覺

　　生理學研究告訴我們，腦子某些區域可以產生視覺，某些可以產生聽覺、觸覺、味覺等。這些傳到大腦的感覺訊號全部都是相同的——即微小的電脈衝（pulses of electricity），當刺激越強，其頻率就越高[3]。關鍵是腦子的哪個區域受到刺激，如果來自眼睛與來自耳朵的神經互相交換，將訊息傳到大腦中對方的區域，結果將造成眼睛看到光線時，我們卻聽到聲音；當聲音刺激耳朵時，我們卻看到顏色[4]。

　　一種感覺的產生，係決定於腦子的哪一個區域被刺激了——此原理是在十九世紀初，被有現代生理學之父之稱的穆勒（Johannes Muller，1801-1858）[5]所發現。穆勒稱此原理為特定能量定律（*Law of Specific Energies*）。這個名稱太奇怪了。為什麼叫「能量」？為什麼稱「定律」？也許這個名稱太過怪異，使得這個有關於大腦 - 心靈的概念常被忽略或遺忘了。就讓我們稱它為穆勒氏「感覺原理」（Sensational Principle）吧！

　　如果原本各司其職的感覺系統故障了，跨系統的共感錯覺（*illusion of synaesthesia*）就會出現。例如：聲音聽起來有顏色。另一個我們較熟悉的例子是：當我們輕壓眼球時，我們會看到顏色。這是壓力（*pressure*）

---

[3]　這個現象從 1910 年以來即為人知，尤其是經過劍橋的 Adrian 爵士（Douglas Adrian, 1st Baron, 1889-1977）研究後。參見 A. D. Adrian 所著《The Basis of Sensation》（1928）及《The Mechanisms of Nervous Action》（1932）（both Cambridge: Cambridge University Press）。

[4]　這個實驗基本上是在雪貂身上做的。參見 L. Melchner，S.L. Pallas，M. Sur（2000）等人所發表的文章 'Visual behavior mediated by retinal projections directed to the auditory pathway'，《Nature》404/6780（20 April）。

[5]　其實在穆勒之前，Charles Bell 爵士（1774-1842）即做過相關研究，但穆勒仍得到此美譽，可能是穆勒對此重要研究的認識較為完整。

引發了光（*light*）感應器，所以是大腦中一個錯誤位置被激發了，讓我們看到（*see*）了這個觸覺（*touch*）。最明顯的是：如果將眼睛連結到腦部的聽覺區域，這區域的結構會慢慢變得與視覺皮質類似。這是由視覺訊號或化學訊號造成的嗎？目前尚不得而知。

　　各種感官乃是與大腦某區域相連結的，這只是個基本認識，至於腦子如何產生感覺我們並不知道。我們對腦子何處（*where*）產生感覺，知道的越來越多；但對如何（*how*）（其實是為什麼 [*why*]）產生，卻幾乎一無所知。最近大腦功能性磁振造影（fMRI）的研究有了讓人鼓舞的結果。如同其他的技術或實驗觀察，這些結果都需要詮釋（*interpret*）——詮釋就是一種將實驗與觀念聯繫起來的過程，原本學界最初未意識到兩者的關聯。這種未知，使得以科學來做預測或規畫成為極為困難的工作。

錯覺的種類與起因

　　當出現錯覺時，亦即知覺與外物世界分離，我們對此現象已瞭解很多了。錯覺是異常現象，即知覺的異常現象，我們可將它們加以分類，就如同我們將物理現象予以分類一樣。將物理現象分類是一件有意義的事，同樣地，將錯覺加以分類可以幫助我們瞭解錯覺，進而瞭解知覺是怎麼回事。我們早已提出了錯覺的種類（*kinds of illusions*），現在我們提出一個包含例證在內的試用架構，這就是我們的錯覺及其起因類別表（表一，頁 82-83），表中以粗體字標出起因的種類（錯覺分類總表見附錄，頁 217）。

表一　錯覺起因類別表

錯覺的類別	起因的種類			
	物理性		認知性	
	光學的	訊號的	規則的	知識的
目盲	光線不足 如：水晶體混濁	視網膜損傷 如：供血不足	當不一致時，知覺的假設被拒絕。	失能 圖形失去意義
惱人的含糊不清	低對比 光子的速率沒有明顯差別	神經雜訊 隨機雜訊發出的訊號	偽裝 組織的完形法則所結合的物件不正確	因不具意義，故差別也被忽略了。 初級失認（protoagnosia）臉孔是連續的
翻轉的曖昧不明	量子跳躍 不確定	視網膜對抗 立體融合失效	Necker 立方體、鴨-兔交換 交替式假設，當兩種狀況可能出現的機率相同時	凹臉面具 凹陷的臉孔看起來是凸起的，所以凹入的臉孔面具不太可能
不穩定	雷射光 干涉	Ouchi 圖形 邊界鎖定失效（？）	點狀圖形 有多種假設，但沒有適當的規則或知識	柴契爾錯覺 違反重要而快速認出的知識
扭曲	枝桿插入水中 光的折射	咖啡店牆壁圖案 邊界鎖定跨越了「灰泥」線	Ponzo、Muller-Lyer 圖形 不恰當的大小調整	體像（body image） 社會壓力？
虛構	彩虹 光的散射	後像 留存的光化學能量	Kanizsa 三角形 空白處被視為較近的遮蔽物	鬼魅 跟人很像，即便證據薄弱也接受

錯覺的類別	起因的種類			
	物理性		認知性	
	光學的	訊號的	規則的	知識的
矛盾	鏡像相反 面對鏡子，物件、頭、眼等都左右相反	遺後作用 如：修正一個平行的管道，使物件看起來在動，但位置卻沒改變	Penrose 三角形 相接觸的端點被假設位在同一距離上，但實際不然	Magritte 的鏡面畫 期望在鏡中應該看到人臉，結果卻是該人的後腦勺

目盲：由無感到無意義

　　要介紹視覺現象卻從無（no）視覺開始，似乎有點奇怪，但我們還能從哪裡開始呢？長期目盲指的是對光或顏色沒有感覺（sensations）。這種情形可能發生在因白內障遮蔽了光線，或是視網膜受損──尤其是視網膜無血流供應之時。大腦受損時也會造成目盲。再者，還有所謂的心盲（mind-blindness）──即失認（agnosia），此時光線、顏色、移動、形狀都呈現在眼前，但對觀看者都無意義，這些東西看起來近乎於無意義的圖形。所以，我們就先從無感覺談起，再談無意義吧！

　　說到目盲，想當然耳的，我們會覺得就是看不到任何東西。你只要把眼睛閉起來就可體會到目盲是什麼情形。這時盲者雖可以用觸覺去感覺東西，但在視覺上東西已消失，情節有點像對嬰幼兒玩的躲貓貓遊戲（peek-a-boo）。它們出現──它們消失。培根（Francis Bacon, 1561-1626）曾說：「人們怕死就像小孩害怕走入黑暗中，小孩這種天生的害怕隨著道聽塗說而增強，大人們對死亡的恐懼亦是如此。」但長期的目盲與在漆黑中的經驗是不同的。對正常人而言，黑是一種感覺、一種顏色。目盲則是缺乏（lack）視覺，這與看到黑色是很不同的。盲者一無所見（nothingness）的情形，正常人可以想像自己腦袋後面一無所見的樣子。這是一種沒（no）感覺的情形，與正常人在黑暗中──如閉眼或關燈，其經驗是很不一樣的。

　　黑是一種顏色，像其他顏色一樣，可以用對比來加強。一件有趣的事是：當電視機關掉的時候，其螢幕不是黑色的，但它打開的時候，我們可以在螢幕畫面裡可看到黑區塊，照理說電子光束打在螢幕上應該會增加亮度才對。這個明顯的例子展示了：想要看到黑色，在各種時空下的對比是很重要的。這一原則對要看到任何東西都一體適用。

　　變成盲人會是什麼樣子？John Hull 在他的名著《觸摸石頭》（Touching the Rock）（1991）中說得很好。他告訴我們盲人與正常人眼睛被蒙住是不一樣的，盲人是用手來「看」東西的，他說道：「只要盲人還有一隻空的手，他就用那隻手看東西。只要有一隻空的手引導自己，他就知道要去哪或他在哪裡。」[1]眼睛被暫時蒙住與長期失明是很不一樣的，長期失明者的其他感覺及新方法都會參與進來。

從盲眼到重獲視力

　　自出生或嬰兒時期就盲眼的人，長大後再重獲視力的案例是非常少的，這種例子引人注目之處不僅是其個人歷程而已，更重要的是讓我們一窺知覺的本質是什麼。我很幸運地在四十年前與同僚 Jean Wallace[2]研究了這樣的一個案例—— SB 先生。早期出現過一些案例報告，但幾乎都是因白內障而失明，那些人皆是將水晶體拿掉後而重獲視力，但恢復得都很慢，通常要手術後數週到數月才能恢復。SB 先生目盲可能是在出生或生

1　John Hull 所著《Touching the Rock》（Preston: Arrow, 1991），頁 109。

2　見 R. L. Gregory and G. Wallace 所發表之論文二：「Recovery from Early Blindness」，《Society of Experimental Psychology》（Cambridge: Heffers, 1963）。

下10個月後，因為角膜混濁而失明。他在52歲時接受角膜移植[3]，他的視網膜上立刻有了影像。

　　手術第二天拿開紗布後幾分鐘，他起先有一點困惑，接著他看到了一些東西並叫出了它們的名字。我們發現他能叫出名字的東西，都是他目盲時用觸覺認識過的東西。他沒有觸摸過的東西，此時對他毫無意義，在他看來都是無意義的圖形。他這種依靠先前的觸覺經驗為基礎，再從新的感覺中領會其意義的現象是很有啟發性的。

　　雖然物體的形狀、顏色、移動等型態都是眼睛傳給大腦的訊息，但在正常情形下，我們看到一個物體所傳遞的內容，遠超過物體型態本身。除獲得眼睛所見的訊息外，我們還會體驗到更多該物體的特質，諸如：重量、硬度、鈍、銳、高興的、討厭的等等。這些超出視覺特徵的瞭解來自對此物的知識，此知識大部分來自其他感官經驗，以及與此物互動的經驗。

　　就觀看一個物體而言，除了其型態外，最基本的是會得知（know）該物的硬度、堅固性、溼軟度、重量等等。我們看到一塊紙鎮與一塊果凍，就知道兩者是截然不同的，因為我們手拿過硬而重的紙鎮，也嚐過會晃動的果凍。

　　這些拿過、嚐過、聽過的知識會帶入眼見的圖像——當然我們無法觸摸或品嚐圖像中的東西。不過畫中的紙鎮看起來還是很硬，畫中的果凍看起來也很 Q 軟。這些感覺都是來自多年與這些物品互動的經驗。不過有趣的是，在大腦另一個層面或部分，從心智上（intellectually）我們知道是在看圖片中的一些色塊，並把色塊看成（see）是紙鎮、果凍、人物等

3　這個手術之所以會拖這麼久，是因為他的眼睛狀況很糟，醫生不想浪費寶貴的角膜。當後來眼庫成立後，醫生才決定冒險一試，手術結果是成功的。

等。SB 先生無法將色塊轉換成任何東西。圖片讓 SB 非常焦躁——尤其是卡通圖畫，因爲他努力想從中尋求意義但它找不到。

我們知道 SB 先生對曾經觸摸過的東西，在視覺上的理解就會非常好，例如他從病房中的時鐘告訴我們時間。我們怕他已知道或猜想到當時的時間，我們另外從護士那兒借來了一個鬧鐘，並隨意撥到一個時間，他都毫無困難地答對了。對於過去是盲人的他，這是怎麼做到的呢？不久我們就知道，他之前就學過如何用觸覺來讀出時間。他曾經攜帶過一個大大的「有外蓋」的懷錶，放在他的外套口袋裡。這只錶沒有內玻璃蓋，他的手可以觸摸到錶針。他表演給我們看他可快速而輕易地用手觸摸自己的錶而得知時間。很明顯地，他過去的觸覺經驗可供新的視覺來運用。這個極爲有趣的現象讓我迄今都印象深刻。

還有許多從觸覺轉移到視覺的例子。SB 看到大寫的字母可以立刻讀出來。他在小時候的啓明學校[4] 即被教導過以觸覺認識大寫字母，但他沒有學過小寫字母（幸好我們學過）。他由過去觸覺的經驗看到他熟悉的東西：桌椅、巴士及動物等等；但他對過去不認識的東西，則視而不見。

一離開醫院，我們就帶他到倫敦動物園。圖九是我們給他看大象之前，他依照自己的想像所畫的大象。

他是如何認識大象的呢？當他還小的時候，家裡有一隻大狗，他的媽媽（SB 及他的姊姊這樣告訴我）描述大象就像這隻狗，但兩端都有尾巴。很奇怪的，當我們帶他看到大象時，在第一時間他是視而不見的。雖然他很高興看到光亮與色彩，但他很少發現什麼奇怪或有趣的事物。他也四處

4　學校會給小孩們上面刻有大寫字母的小木塊，他們可以在銅板上藉小木塊閱讀。當時小寫字母較不常用，這些學校建立了一個完美的實驗——去體驗大寫而不是小寫字母。只有那些他曾經認識的字母，在他新建立的視覺中才能認出來。

圖九：SB先生畫的大象圖，是在他重獲光明數天後依想像所畫的。此圖完成於倫敦動
　　　物園。

走動，好像特拉法加廣場上的鴿子。而 SB 被交通嚇壞了，我們必須拖著
他過馬路。在他盲眼時，他只要舉起白色手杖即可毫無顧慮的過馬路。最
讓人驚訝的是，在科學博物館我們給他看一具簡單的車床，這個工具是他
認識而且想看的。第一眼看到時，他感到很困惑，接著他用手在工具上摸
了一圈，然後說「我摸過它了，現在我看到了」。

　　我們可以斷定，觸覺是知道物件形狀與用途的基本訊息來源。若是對
物件沒有操持與互動的經驗，而要大腦對看到的物件賦予意義 —— 也就是
「看到了」，實際上是不可能的。

　　幼年失明而在成年重獲視力的完整報告約有二十餘例，最近的一例是
在加州的 MM 先生，他在 3 歲時因意外而失明。他在 43 歲時，藉由幹細
胞的幫助，接受了角膜移植手術。他的經驗以及研究者對他的發現與 SB
很類似，不過 MM 接受了大腦功能攝影，顯示他的大腦對形狀的處理、

物件與臉孔的辨認有障礙[5]，對移動物的處理則正常。MM可以運用移動而認出三度空間的形狀，如 Necker 立方體，但他（與 SB 一樣）無法將此立方體看成兩度空間及「翻轉」的圖像。他也與 SB 一樣，無法看出透視錯覺中的扭曲現象。他也常常是在觸摸過物件後，才說他看到了這東西。

MM 將有限的視力（比 SB 差）做了最好的利用，但他跟 SB 一樣對所看到的東西常感到困擾。自從他得到盲人滑雪冠軍後，他現在可以閉著眼滑雪了！

嬰兒知道了什麼？

非常小的嬰兒有一些天生的本能，但幾乎沒有習得的知識。由於他們的行為很有限，所以要發現他們天生知道些什麼很困難。但現在有許多有趣的研究使得對知覺的瞭解露出了曙光，這些實驗極具巧思。研究發現，觸覺的探索在出生前就開始了[6]。

要發現嬰兒知道些什麼的關鍵技巧是：注意什麼會讓他們驚訝（*surprise*）。如果他們對東西斜的落下感到驚訝，那表示他們已具備了東西應垂直落下的知識。如果一個東西消失在屏幕後，再出現時變成另一個東西（例如：從泰迪熊變成了消防車），如果他們感到驚訝，表示他們天生就知道：在通常情形下，一個東西不會變成另一個東西——這就是大家所知的「物體恆存」（*object permanence*）概念。另一個技巧是注意

5　研究者包括：I. Fine, Alex R. Wade, Alyssa A. Brewer, Daniel F. Goodman, Geoffrey O. Boynton, Brian A. Wandell, and Donald I. A. MacLeod.

6　英格蘭 Wolverhampton 大學的 Elvidina N. Adamson-Macedo 發現新生兒有很廣泛的觸摸探試動作，只要一些簡單而特別設計的玩具就可增廣他們經驗的範圍。

他們看哪裡。很小的嬰兒會花較多的時間去看一張簡單的臉孔畫，而不太會去看同一張五官錯置的臉孔怪圖。這表示嬰兒對臉孔有某種先天的知識，這並不奇怪，因為臉孔對他們的生存太重要了；當然，他們也得學會去認出哪一張是母親的臉孔，事實上他們可以很快就學會。嬰兒的有些學習非常快速，要分辨哪些是習得的、哪些是天生的是很困難的。

適應

感覺（sensation）會隨著持續的刺激而逐漸消失。這是一種簡單的適應（adaptation），它不是意志所控制的，這事發生在周邊神經系統而不在大腦。適應也可在大腦皮質（cortical）發生，這與注意力有關，所以有些適應可由意志所控制。有關周邊神經因適應而逐漸不傳出訊號的現象，生理學先驅 E. D. Adrian（後來封為貴族）在《感覺基礎》（*The Basis of Sensation*）（1928）一書中有很完美的描述。有關入睡，他寫道[7]：

如果生物體保持不動，相位感應器（phasic receptors）在環境改變時會發出脈衝（impulses），但只要環境保持不變，此種感應器很快就停止發出脈衝。我們要睡覺時就是利用這種作用，通常我們會關掉燈，把聲音儘量隔絕在外，讓自己躺在床上，使全身肌肉鬆弛，然後保持不動。

我們對身體與環境的意識（consciousness）很快的就消退了，不久我們就會入睡。這個例子說明了皮膚的感應器，在一個恆定環境中很快

---

[7] 見 E. D. Adrian 所著《The Basis of Sensation》（Cambridge: Cambridge University Press,1928），頁 98。

就適應了。在恆定刺激下，壓力感應器與肌肉感應器持續放電，但我們使肌肉放鬆來阻止肌肉感應器放電，我們躺在柔軟的床墊上使壓力平均分布，也可阻止壓力感應器放電。所以，只要我們保持不動，我們就不會被四肢的感覺干擾，因為此時它們已停止發出任何訊息。

Adrian 繼續寫道[8]：

事實上，感應器可被移動而改變它與外在環境的關係，以便大幅增加所感應的範圍。要獲得環境的訊息不一定要等到環境改變，動物是可移動位置的，牠／他可藉由改變感應器與環境的關係而探知靜止的世界。這樣做不僅可以對抗許多感應器的快速適應現象，也可以使牠／他取得外界訊息，而不僅是靠本體感應器（proprioceptor）——一種在肌肉與關節中的高效能感覺構造。對正常動物而言，末端組織的感應器會出現快速與慢速的調適，一起合力建構出外界的完整樣貌，但這些較簡單的感應器無法提供細緻的資料，此時來自較複雜的「體位」（'postural'）組織會被激活而產生訊息，以填補前者的空白。

因適應而不產生訊號是有許多好處的。如同 Adrian 說道：「如果全身皮膚的感覺信號不停地湧入中樞神經系統，對大腦會是一件麻煩的事。這些感應器的快速適應可以避免重複產生單調的訊息，好讓每一個新的感覺訊號在大腦發揮完整作用[9]」。這一現象對眼睛特別受用，因為眼睛需要變換刺激以持續向大腦傳入訊息。視網膜局部區域如果出現恆定刺激，會

8　見 Adrian,《The Basis of Sensation》頁 100。

9　見 Adrian,《The Basis of Sensation》頁 101。

很快變得適應或「疲乏」，造成選擇性的訊號遺漏，進而產生視覺上「虛構」的後像（after image）。但耳朵極少對長久刺激產生適應現象，如果我們被不悅耳的聲音持續轟炸，會覺得討厭，相當惱人。

　　將一個色塊放在相同亮度的背景上，如果我們盯著不動，看幾秒鐘就會覺得色塊逐漸消失了，而且沒有留下多少後像，此即所謂 Troxler 效應（Troxler Effect）。目前對此效應的解釋還不很完全，但似乎係屬大腦皮質現象，而非視網膜現象（請參閱 Anstis, S. 1967 and 1979）。

消失的條紋

　　視覺研究者常著迷於他們所稱的「空間頻率管道」（spatial frequencies channels），並將之與聲波的時間頻率（frequencies in time of sound waves）相比擬。視覺系統會依據重複線條所形成的空間頻率進行「調頻」（tune），這種重複的條紋就是大家所知的柵欄（*gratings*）圖——理想柵欄圖是：柵欄條紋之間沒有分明的界線，其亮度（brightness）最好呈正弦波式變化（sine wave modulations）。我們可運用明暗與空間頻率（即每一度視角內有多少條紋）的變化，將此圖用來當作較複雜視力測驗的工具。若結合不同特殊空間頻率製作成一張圖，或將一種空間頻率的圖放入另一頻率的圖中，如此均可造成：此圖在某一距離看是一幅圖，但在另一距離看，圖案會消失。兼具心理學家與藝術家的 Nicholas Wade，便製作了許多這類很棒的圖例（圖十）。

　　在舊金山的「科學探索館」（Exploratorium Science Center）中有一幅畫是由貝殼拼成的美麗臉龐。從遠處看它是一張臉龐，但近看只是一堆貝殼而已。一些筆觸（brush strokes）比較粗的圖畫亦有類似現象。這

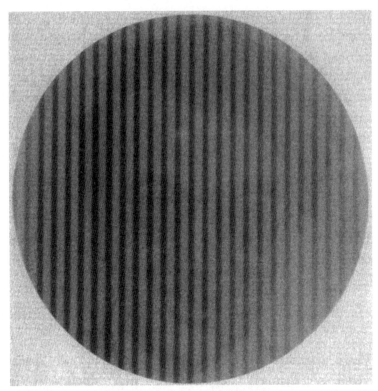

圖十：對比敏感度。由心學家Fergus Campbell（1924-1993）所製作。（取自
《Psychologists in Word and Image》 Nick Wade (1995), MIT Press）

些畫貼近看只是一些筆觸，越遠看，圖畫才逐漸顯現出來。此現象是因這
些筆觸與該畫的空間頻率不同所造成的。而所有的圖畫不都是由筆觸組成
的嗎？

心盲

眼睛在正常情況下也可能出現看不見的情形，此時問題出在大腦或心
靈，但這其中也有各式各樣的盲。

　　神經學家 Heinrich Lissauer 於 1885 年曾經描述過兩種心盲（mind blindness）。他稱第一種為「統覺」（apperception）式心盲，是指個體僅能對個別刺激有反應，無法同時對該物件的全部訊息刺激有反應；第二種為「聯想」（association）式心盲，是指刺激（或感官資料）與物件知識之間的連結不正常。我們現在稱上述心盲為失認症（agnosia），可能是統覺性的，也可能是聯想性的。有些病人是前者，有些是後者。有些失認只限於對某種物體，例如：對水果、動物、人等無法認得。失認症是由佛洛伊德（Sigmund Freud）創造的名詞，當時他還是年輕的神經學家。

　　無法辨認臉孔，稱為面容失認症（prosopagnosia），此症還蠻常見。病患對原本很熟悉的朋友都覺得很陌生。這種失認可能是統覺性的，而非聯想性。聯想性失認症的例子在 Oliver Sacks 的一些著作中，有相當精彩的描述，例如《把太太看做帽子的男人》（The Man Who Mistook His Wife for a Hat）（1986）。他寫的這些故事有如人類故事一樣精采，這些故事非常生動地告訴我們，視覺要借助可取得的知識，這些知識是何等重要。

忽略或拒絕看到

　　右半大腦有損傷的病人中，有一項有趣而奇特的現象是：對左側視野的忽略（neglect），有時甚至對左半邊身體的觸覺也忽略了。病人左半邊的視野可能完全不見了。很奇怪的是，病人對眼睛所見的口述（verbal）很完整，但要他畫（drawings）出來卻少了半邊。最令人迷惑的是，他對東西的左半邊都視而不見，雖然眼睛是盯著東西在看。病人對圖畫的左半邊完全漠視，而他的眼睛是可以自由轉動的。這個忽視現象可

能出現在病人對記憶中的圖像所做的描繪，也可能出現在對所看到的圖片或實物所做的描繪。例如：他所畫的鐘面左半邊數字都不見了，或是畫到鐘面的右半邊去了（圖十一）。

這種半邊忽略的現象可能會擴展到病人原有的長期記憶。有些病人被要求回憶及描述一些他所熟知的景象，結果發現左半邊的東西大多不見了。但是如果要求病人想像從背後看一個物體，使原先看到的物體的景像左右相反，則原先遺漏的左邊景像就恢復了，而原先出現的右半邊景像此時則消失了。這也不很奇怪，因為我們由大腦功能造影即可知道，大腦有許多的區域都與視覺記憶和視覺有關。

對改變的視而不見

我們在做選擇時會注意暗示線索，在專注（attention）時反而有所忽略。雖然學界對選擇性的注意已有廣泛的研究，我們在此不多做討論，但對改變（change）的視而不見這一特殊現象我們要討論一下；這種對改變的視而不見，是出現在從一個圖片或景像，變換到另一個略有不同的圖片或景像之時。這種目盲會造成一種連續效果，這對電影工作者很有用。雖然電影或電視工程師都知道這一現象，但對沒看到改變（not seeing change）這一現象，直到最近才有人研究。

這種對改變的視而不見甚至出現在兩幅相差甚大圖片中，尤其這種變化與手頭任務無關緊要的情形下特別明顯（圖十二）。當第二幅圖稍後在第一幅圖出現的原位置出現時，兩張圖的差異一般人看不出來，當答案揭曉時，觀察者都覺得兩者的差異其實頗大。

圖十一：右大腦中風過的病人所畫的圖，圖的左半邊被忽略掉了。取自Robertson及
　　　　Marshall (1993)。[10]

圖十二：對改變的目盲：先看一幅圖，再看另一幅圖，二者有差別嗎？請注意在右圖
　　　　中，聖母大教堂明顯地往右挪移了。

10　對忽略的研究文獻很多。請特別參考 Ian H. Robertson and John C. Marshall 所著《Unilateral
　　Neglect: Clinical and Experimental Studies》（Hover: Lawrence Erlbaum,1980）。

　　如果兩幅圖無時間間隔地輪流出現，則會出現明顯的移動訊號顯示兩者差異何在，而引起觀者注意到其間的改變。但如果在影片的連續畫面裡，一個人替代了另一個人，這種改變並不會被注意到。

　　為什麼會有對變化視而不見的情形呢？研究者之間還沒有共識，但如果從知覺是一種預測性假說（*predictive hypotheses*）的觀點來看，這一現象也不奇怪。因為假設是很有用的，它填補了資料間的空隙而使資料連貫。當然，一直仰賴假設有時的確會撞牆，但一般而言，為了知覺或行為的連續性，只是偶爾添加一點新資料，此時這種假設是很有用的。

　　我們會依據信號預示去假設何物該在那裡，且信賴此假設，但此假設可能不靈，這一信賴便讓玩魔術變得相對容易了。魔術使我們看到知覺是多麼脆弱，也看到知覺對「正常事物應該做它們通常會做的」這一假設的依賴有多深。魔術能引人興趣也就在於觀眾預期什麼「應該」或可能發生，結果魔術師卻弄出了怪異結果。人們靠著假設過日子，是有其風險的。

　　如果從這一觀點來看對改變的視而不見，接下來我們就會問：在正常情形下，什麼會關閉知覺的假設呢？由於它們豐富並填補了感覺資料的空隙，所以可以一直依靠它們，直到有充足的證據顯示必須完全更新為止。一個局部移動通常就可獲得新訊息；當然，更新是可以自動發生的。一個有趣的實驗是：兩眼透過立體鏡觀看一對立體圖片。當出現生動的立體畫面後，此時慢慢閉上一隻眼，但立體的感覺仍會持續一段時間。這一定是在 3D 訊號消失後，立體感的假設仍在發生作用所造成的。這一現象讓我們知道了無證據支撐的視覺假設可維持多久，答案是大約兩秒鐘。

大腦皮質引起的目盲

各種感覺是由特殊的神經系統，連接到不同區域的大腦皮質（cortex）所產生的。藉由各種技術我們逐漸發現，視覺是與各種半自主神經系統（semi-autonomus nervous systems）是共同運作的。大腦局部損傷所造成的結果有時很難解釋，因為任何系統的局部缺損都可以造成奇怪的變化。這在電子產品也很類似：局部零件拿掉或損壞，會造成其他部分的功能混亂，這些混亂很難預測，有時也很難解釋。

我們現在終於知道，某種處理系統可能完全不認得它種刺激。也許最令人驚訝的是：處理視覺移動和立體感的系統是無法辨識顏色的。此系統對於等亮度（iso-luminant）的圖片很難做出反應，這種圖片有顏色對比但無亮度對比；這種等亮度圖片是不穩定的，因此系統無法處理顏色，而讓人看不出來圖中的動作及立體深度。所以目盲的種類真的頗多！

訊息理論

當電報及電話在商業上變得重要時，資訊（information）評估也變得必要，因為資訊是依速度及可靠度來收費的。對神經系統而言，資訊也是很昂貴的，所以何種資訊可以被看見是有節約限制的。

到目前為止還沒有發現評估意義的方法。經由資訊科技，資訊與意義被分開來了，而且以不同的思維去對待。這也影響了我們如何看待大腦、知覺以及它們的極限。

Claude Shannon 的資訊的數學理論（mathematical theory of information）可以對資訊做出評估，亦即以可能的選項數目及各選項

的機率來計算[11]。兩個相同機率之間的一個選擇是一個位元（*bit*）。位元（二進位）就是資訊的單位。位元的增加是以 2 為底的對數方式（logarithmically）增加。就一個資訊管道而言（包括感覺管道），管道的出入口越接近，則能傳輸的資訊越多。管道的容量（capacity）端看其每秒能傳輸的位元數。與電子管道比起來，我們的感覺管道的容量要低多了。表面看起來，我們似乎在短時間內看到了很多東西。說起來這是一個難解的問題，大腦對傳入的資訊做了很多加值，其中包括了對這東西的知識與許許多多的虛構[12]。

資訊的極限

要瞭解感覺管道的容量，我們先回頭看看蘇格蘭哲學家 Sir William Hamilton, 1788-1856）怎麼說的。他曾提議撒一把豆子在大理石地板上，並且估計豆子的數量。我們看一眼能算出多少顆豆子呢？答案是：大約七個。用現代話語來說，這代表了人類視覺管道的容量極限。這似乎比我們一般預期的要少。Hamilton 的實驗顯示了視覺資訊傳輸率是多麼的低；對此，哈佛大學的心理學家 George Miller 以新的資訊理論提出了解釋，這篇出名的文章有著令人難忘的標題：「神奇的數字七，加減二」[13]。這是看一眼所能數出豆子或其他任何東西的數量。知覺所顯現的豐富性，

---

[11] Claude Edware Shannon（1916-2001）是在美國貝爾電話實驗室工作的工程師。這是一個非常好的範例：一個工程師為一個複雜的哲學問題提供了解決之道。

[12] 經典的說明請見原著：Claude E. Shannon 及 W. Weaver 所著《The Mathematical Theory of Information》（Urbana, IL: University of Illinois Press, 1949）。

[13] 見 G. A. Miller（1956）發表於《Psychological Review》63: 81-97 之文章 'The magic number seven plus or minus two: some limits on our capacity to process information'。

有時候被稱為「偉大的錯覺」（Great Illusion）。

　　另外一個有意思的實驗，是由劍橋大學的 Edmund Hick 於 1952 年所做的，他用的儀器是十個按鍵，每個按鍵連結一個固定位置的小燈，按鍵的安排是隨意的。受測者先熟悉哪個燈連結哪個鍵，接著受測者必須在看到哪個燈亮以後，以最快的速度去按相連的鍵。Hick 在每一次實驗時改變按鍵的數量，從一個到十個。他發現，當按鍵與燈泡的數量越多，受測者的反應時間也變長了——也就是選擇越多，反應越慢。這意味著可能（might）出現的燈越多，反應時間也越長。所以，行為的產生並非單純由刺激引起，而是由刺激的可能性（possibilities）所引發，即便有些可能性並不會真的發生。這與較舊的觀念是很不同的，舊觀念是：個體只是對發生的事件做反應，即個體是對刺激直接反應。那些可能會亮卻沒有亮的燈並非刺激物，但它們會在一個整體的形勢下影響到個體的知覺與行為。

　　我們在大腦裡建構了心智模式（mental models），心智模式涵括了許多可能性。我們是運用感覺訊號在可能的各種心智技能中做選擇。心智技能越多表示資料越多，也更需要時間去處理。Hick 發現：上述實驗裡，個體反應時間的增加，與腦中可能性的數量，呈現對數（以 2 為底）再 +1（one）的關係。他認為之所以多加 1，是因為有一個不（not）按鍵的潛在選擇 [14]。

　　神經管道的物理性質與電報或電話的線路不同，與無線電的線路更不同，但基本原理：管道容量有限、不可避免的雜訊會弱化訊號、資訊猶如在一堆可能性中做選擇——這些原理在電子管道與神經管道中是一樣的。

---

[14] Edmund Hick 和我是這個原始實驗的受測者。由於他在實驗完成前即退出了，所以希克氏法則是根據我的神經系統做出的結果。

雖然電子工程與生理學兩者差別很大，但前者為後者闡明了關鍵概念。

知識是什麼？

我們已說過，知覺是以知識為基礎的。什麼是知識？知識如何連結到資訊？知識比資訊要更廣、更有結構。我們冒險提出如下定義：*知識是為使用而建構好的資訊*。知識可以是內隱不言明的，也可以是清楚言明的。知識可以儲存在基因密碼或大腦中，現在知識也儲存在電腦中。當電腦對這個它所「生活」（live）的世界有了足夠的知識時，所謂的人工智能（artificial intelligence）就會展翅高飛了。*知覺有賴於知識*正是本書的中心主題。

第五之二章　惱人的曖昧不明

　　視覺要靠對比。雖然我們能分辨日夜差別，也覺得月光比較暗，但對攝影師而言，要判斷怎樣的亮度才有最佳曝光效果並不容易，所以他們可能使用度量計或自動相機。視網膜主要是傳輸兩個區域間亮度的差異（*differences*），且隨此差異的變化而持續傳入。要看清物體，先要由空間差異產生物體的輪廓，然後想要看清細節，其解析度則有賴眼睛能偵測到亮度的些微差異到何等程度。

　　能否偵測到亮度的些微差異受到幾個因素影響，有些因素在眼睛及大腦，有些則在於場景。眼睛就和所有的偵測器（*all detectors*）一樣，都會受到隨機「雜訊」（noise）的干擾。雜訊可以靠降低溫度來減少，無線電望遠鏡及某些醫療儀器就是這樣處理的，但人眼無法如此做。

　　大腦必須判斷傳入的神經活動是外界的光線刺激，還是內部的神經雜訊。雜訊和光子束（stream of photons）（光線）都是隨機波動的。如果是要看到某個東西，則區間光子的數量必須要有明顯的差異，此差異必須達到統計上的顯著性（*significance*）。要分辨物件的有無、或兩物的差異，多少會帶些猜測。由於光子速率經常在變，因此神經系統裡雜訊的改變，有可能被誤認為是真實的訊號或刺激。

　　神經雜訊會隨著年齡而增加，所以我們的視、聽、味覺會隨著年齡而弱化。老人家動作比較慢，為的是要費時去分辨真正的訊號或雜訊，並

解讀這些訊息。為了要求精確可靠，所以需付出時間去換取（因為傳入的訊息是以呈線性關係的方式而結合成一整體，而隨機的雜訊則以呈平方根關係的方式結合成一整體）。所以對老人家而言，車開得慢或走得慢是一種聰明的改變。在昏暗環境中，數分鐘後眼睛就會暗適應而變得對光較敏感，但代價是對移動物的位置不太能精準判斷——因為花了較多時間在辨別物體上。我們都體驗過，在天色漸暗的環境中玩網球、板球或棒球時，我們可看到快速移動的球，但不一定能掌握其精確位置。

在昏暗燈光下，我們其實可以看到量子（quantum）的波動及視覺系統的雜訊。行走在暗室中，如果我們抬頭看天花板，會覺得天花板上似乎布滿了移動的螞蟻。這就是眼睛在完全暗適應後，所看到的自發性雜訊及一顆顆的光子。

類似的情形可發生在完全安靜的環境中，我們可聽到一些聲音。通常我們不太能分辨這聲音是出自外界還是耳內。若真有耳鳴（tinnitus），那可就是件嚴重的事了。

閾值

視覺研究者過去習慣用感覺「閾值」（sensory 'thresholds'）一詞，好像在感覺「有」與「無」之間有一突然的不同。我們現在已不這麼想了，因為感覺閾值並不是陡升而出現的，它是逐漸出現的。它們的變化根據幾個因素，有些是物理性的，有些是生理或心理性的。

我們可用物理儀器偵測這些感覺閾值大小，這些閾值有其統計數量上的特徵，可用實驗去發現這些閾值的重要差異。此統計數量上的特徵是在 1930 年代，由偉大的統計學家 Sir Ronald Fisher（1890-1962）發現

的，他當時是評估增添肥料對農作物收成造成的影響。Fisher 發現可以用較大面積的田地去測得較微弱的影響，因為在較大面積農田上可測得更多作物樣本。這一法則同樣適用於眼睛對光子的偵測，因為視野（*visual fields*）越大，眼睛對光的敏感度就越高，如同田地作物實驗一樣，有些感應器的敏感度會比其他的稍好或稍壞，而在不同時間感應器的敏感度也會變化。這就像作物對肥料的吸收一樣，有的作物吸收多，有的作物吸收少。若眼睛有較多感應器受到刺激，自然會提高對光的敏感度；就像農業研究裡對較大面積做調查，可測的作物樣本數就增加，如此則可提高此研究的敏感度和可靠性。農作物與眼睛的情形都適用開平方根法則（square root law）。對視覺而言，能偵測到亮度的閾值（brightness threshold），會隨著視野面積的平方根（的增加）而降低，這稱為 Piper 法則（Piper's Law）。如果要判斷眼睛能看出亮度間的差異值，這些基本法則也適用，這些法則也告訴了我們一個觀念——視覺受到統計學原理的限制。應用這些原理可發現任何（*any*）亮度差異，而統計學也可幫助我們判斷所做觀察研究的可靠性。

　　眼睛對不同強度光的敏感度，會隨著視野大小的平方根而增加，這與 Fisher 的玉米田實驗類似。若要比較範圍大小，兩者最好一樣大，因為涉及了二重平方根函數[1]。這一法則對設計清晰可讀的印刷字體是很重要。在亮的環境下閱讀當然較容易，因為光子數較多，而印製較大的字體，其作用與 Fisher 實驗中在較大的田野做研究是一樣的道理。

　　田地的範圍常用籬笆圍出來，但大腦對視野的範圍要如何設定呢？聚光燈束被黑暗環繞，其邊界很明顯，但這是人為的而非自然狀態，自然

---

[1] 見 R. L. Gregory and V. R. Cane（1955）發表於《Nature》176: 1272 文章 'A statistical information theory of visual thresholds'。

環境裡很少物件是與它物隔離而單獨存在的。腦子能從視網膜傳入的一個刺激圖型中認出某物件，這一知覺是一項很重要的本領，必須用到本書所介紹的每一項技巧。它必須用到完形法則（Gestalt Law）中的閉合（closure）法則（因為大部分的物件，都是簡單的閉合形狀），以及共同命運（common fate）法則（因為大部分物件的各個部分，是一起移動的）。還有，對該物件的既有知識也很重要。

　　具邊界的亮度閾值會出現哪些狀況呢？科學研究中，要判斷哪些資料相關、哪些資料無關可以忽略，是件困難之事。對視覺而言，也有類似問題。

對比錯覺

　　有些圖的亮度呈對比或顏色呈對比，其所產生的錯覺很具戲劇性。圖十三是一個簡單的亮度對比錯覺圖。

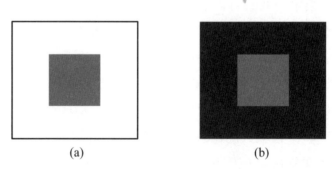

(a)　　　　　　　　　　　　　(b)

圖十三：亮度對比：二圖的中間小方塊的亮度是相同的，但看起來卻不一樣。

暗黑

　　視覺如何在表面反射（surface reflectance）（即反照率 albedo）與光照強度（illumination）之間做決定——尤其暗黑處，這個問題值得注意。視覺常會忽略暗黑處，若有兩張圖雖然實際上亮度差（brightness difference）一樣，一張可能讓人留意其具有表面反射差，另一張則讓人忽略暗黑處而低估其表面反射差，以致使得前者亮度差會顯得比後者大。圖十四就是利用此*翻轉模糊*（*flipping ambiguity*）做出來的。標有 A 與 B 的兩個方塊，其印刷出來的亮度（brightness）是一樣的，但看起來卻不一樣。這是因其中一塊，看起來是在暗黑中。這是一個可能性／機率問題，可用貝葉斯公式來說明（本書第一章頁 13-15）。畫家常常無意或有意地為暗黑提供線索給觀畫者。他們運用繪畫技巧，去支配其中的可能性。

圖十四：棋盤上放了一個圓柱體及其陰影。方塊A和B的亮度是相同的，雖然二者看起來很不一樣。取自Edward H. Adelson (1995)。

顏色對比

　　顏色本身受周圍顏色的影響很大。這現象很有用，例如，樣品地毯可以用少數的顏色展現出繽紛的色彩（彩圖一：顏色對比 - 紅色螺旋）。

　　這一現象是否會被視為錯覺，端看觀看者是否被誤導。彩圖一裡亮度與顏色所出現的錯覺變化，會讓我們覺得驚訝；但對物件觀看者來說，此圖中亮度與顏色變化所產生的補償作用，卻讓東西看起來頗為正常。

翻轉的曖昧不明

　　為什麼會有知覺（perception）上的翻轉（flipping）？一般說來有兩大理論：一說是大腦對一種知覺感到疲乏，一說是多個競爭者在搶中央舞台。二者皆有可能，但有趣的是，如果拿一幅類似但不會產生翻轉現象的圖給受測者看數秒鐘，受測者再回頭看原本會產生翻轉的圖，此時受測者會覺得原圖不再翻轉，且固定在那幅類似的圖樣上（Hohwy, Roepstorff, & Friston, 2008）。由於提供多個可能的選項是很重要的，前述多個競爭者的這個認知解釋似乎是恰當的。

　　通常知覺是隨著外界的改變而改變。但值得注意的是，在外界景物沒改變的情形下，視覺卻在兩個很不一樣的知覺之間出現翻轉的現象。我們可以說是大腦在改變心意，因為它對外物另有想法。

　　最基本的一個知覺決定，就是要做出以下抉擇：什麼是物件（*object*）？什麼是物件間的背景？此涉及「圖形 - 背景曖昧不明」（figure-ground ambiguity）。一般而言，物件一望即知，但有些狀況會讓大腦無法做抉擇，這時就會自動出現翻轉現象——物件基本上消失了，數秒後背景浮現變成物件。

　　這個現象對發掘知覺如何運作的動態（dynamics）非常重要。視覺運用「翻轉曖昧」現象將「由下而上」的感覺訊號，跟「由上而下」的大腦活動兩相分離。在本書中多處提及此狀況，包括對一個曖昧不明的立方

骨架產生的扭曲錯覺——用它探討比例縮放的過程（本章圖十七）。

圖形-背景

瑞典心理學家 Edgar Rubin（1886-1951）在 1920 年代初期讓人們注意到圖形 - 背景曖昧現象，如圖十五[1]。

Rubin 描述圖形與背景之間的差異如下：「知覺到是一個圖形或是一個背景，兩者的形塑方式是不一樣的。在某種意義上，背景是沒有形狀的」。他繼續寫道：

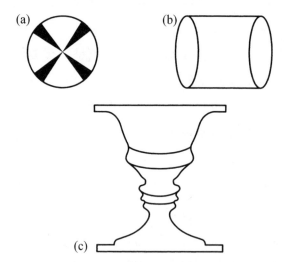

圖十五：圖形—背景。何者是圖形，何者是背景？我們看上面這些圖形時，會產生二者自動翻轉的現象，這是因為大腦要在二者中做一個決定。（仿自Edgar Rubin）。

1　見 E. Rubin 所著《Visual wahrgenommene Figuren》（Copenhagen: Gyldendalske, 1921）。

　　要弄清楚圖形與背景兩者根本的差異時，考量輪廓是很有用的，輪廓是兩區域間的共同疆界。我們可以這樣陳述一個基本原則：當兩個區域有一共同的邊界時，一個視為圖形，另一個就是背景，這種立即的知覺經驗就是一種形塑效應（shaping effect），這效應出自共同的邊界；且只作用在一個區域，或者是在某一區域作用較強。

　　形塑過程中，作用較強的區域就是圖形（*figure*），另一區域就是背景（*ground*）。

Rubin 繼續說道：

　　相對於背景，圖形讓人印象深刻，也更佔優勢。對於圖形，我們的記憶會比背景深，圖形帶出來的聯想也比背景多。

Rubin 對美學有個很有趣的觀察：

　　相較於背景，圖形的自主性會產生一個結果：不管圖形所在的背景如何，圖形會使觀看者產生一個美學的印象。相反地，如果將背景變成主體，其圖形在美感上通常就無啥可觀之處了……值得一提的是，似乎背景在藝術上扮演的角色並不起眼。如果一個人可以成功地體驗到：刻意將圖形轉為背景，他可能會看到一個不好看的圖。如果一個人很不幸地把 Sistine Madonna 畫中的背景看成圖形，他會看到一隻像龍蝦鉗的東西抓著 Saint Barbara，另一個像鉗子的東西抓著教堂司事。很難說這圖畫是好看的。

　　注意力就是有意識的意向（conscious intent），這是影響視覺的一

項因素。水平及垂直的特徵容易引發圖形感。「圖形 - 背景翻轉」在正常生活中的確會發生，不過機會很少（因為那會產生危險）。我們這些研究錯覺現象的人會因刻意注意，而體驗到自動翻轉現象。

翻轉的物體

　　一個物體或圖形有可能會自動變成另一個東西。較著名的，如：Rubin 的花瓶 - 臉孔圖、Jastrow 的鴨 - 兔（圖十六）。後者的鴨嘴可變成兔子的耳朵。當看成鴨子時，那個不恰當的眼睛幾乎被忽略掉了。這種當感官資料不合於當下知覺假設時就被排斥掉的現象，是知覺動態（the dynamics of perception）的一部分。這在科學研究過程裡也會發生，當資料似乎不相關或略為牴觸時，也可能被忽略掉。

　　另一個有名的例子是 E. G. Boring 的少女 - 老婦圖。稍微練習一下，你可以用意志力控制這種切換 —— 只要注視較為暗示少女或老婦的那部分即可。

圖十六：Jastrow的鴨-兔圖形

　　眼睛的移動也會引起翻轉現象，但有時也不一定要移動眼球。視網膜上翻轉圖形的影像可用後像（after-image）方式固定住，做法就是在黑暗中，讓圖形以閃光燈方式發出亮光即成。雖然「翻轉曖昧」圖的後像可藉此在視網膜穩定下來，但它還是會自行翻轉。

深度的翻轉

　　最有名的「深度翻轉」就是「Necker立方體」（圖十七），這是由瑞士結晶學者（crystallographer）N. A. Necker 於 1832 年發現的，當時他正在用顯微鏡要畫出一個長斜方結晶體。他突然驚訝地發現，他無法畫出顯微鏡所見的圖形，因為其中之一的圖形翻轉了。

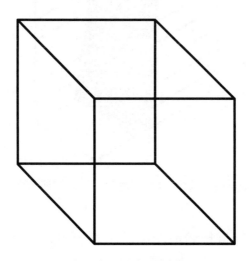

圖十七：Necker立方體。

Mach角落

有些相關的現象也很有趣。德國物理學家 Ernst Mach（1839-1916）繪製了一個會隨著亮度感覺改變，而出現「深度翻轉」的圖形，即所謂「Mach 角落」。這證實了即使最基本簡單的感覺，都可被大腦由上而下的調整所修改（圖十八）。

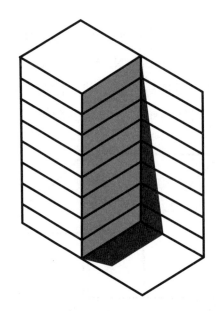

圖十八：Mach角落。當深度感翻轉時，黑暗區域會變得比較亮些。

當圖十八灰色區域被看成凹陷時，會覺得那一黑色部分是暗影，當灰色區域被看成凸起時，則會覺得黑色部分是一表面圖記。當黑色部被看成暗影時，會顯得稍微亮些，因為視覺會把暗影忽略掉，因為暗影不像物體那樣可被操作或使用。如果把這個角看成凸起時，黑色那塊即屬於一個表面。雖然此圖沒有改變，但覺得它是凸出狀態時，它顯得較暗；覺得它

凹陷時，它比較亮。這種情形也會眞正出現在一個帶有暗影角落的實物上
（如：立起的聖誕卡或菜單）。

凹陷的臉孔

由可能性來主宰「深度曖昧」的最引人例證，就是凹陷的臉孔了（圖
十九）。這一臉孔面具「拒絕」呈現凹臉，因爲凹臉太不可能了；除非你
湊近了用兩眼去看。

圖十九：凹臉。一個凹入的面具拒絕看起來像是凹陷的，只因爲凹入的臉就太不像一
　　　　張臉了。

　　這是一個展現由上而下的知識力量的絕佳例子。知識主宰了由下而上傳來的質感（texture）、視角（perspective）、甚至極強的立體感（stereoscopic）等訊息。這是一個有趣的觀察，你先以雙眼近看這一凹臉的面具，然後慢慢遠離。當你近看時，它就是一張凹臉，但稍微遠離後再看，它會變成凸起的臉孔。此時正常臉孔的知識，跟由下而上傳來的各種深度線索相對抗。在「翻轉點」上，兩股力量是均衡的。如果此時將面具上下顛倒──即深度翻轉得更厲害，此時平衡點會改變，因為由上而下的知識敵不過上下顛倒的凹臉訊息（Hill and Bruce 1993）。

視網膜對抗

　　如果兩眼分別看到的影像差異太大，腦子將無法融合這兩個影像。此時我們會經驗到動態的「對抗」（rivalry），包括形狀、顏色及其他的改變。融合出共同的輪廓（fused common-contours），可以鎖住另一個相對立的顏色。用紅 - 綠眼鏡看立體圖，就是運用此原理。

　　證據顯示，在視網膜對抗時，兩眼仍會將訊息持續傳入大腦（它們並未被抑制），對抗是一個高階現象，因為在訊息處理程序後期，大腦要試著對這不相配的訊息產出意義。耳朵或其他感官則不會出現這類現象。

口語變化

　　其他感官也可能出現動態性地曖昧狀態。如果重複說一個字多遍──尤其是不停頓地說，它會變成另一個字。這種另類知覺可能是改變了韻腳的重音、腔調，甚至成為另一種語言。這個實驗可以用錄音帶或在電腦上

來做，以確保被重複的字是原音未變的。有些字的實驗效果，比其他字的效果好。例如：："elephant" 及 "sidewalk"。若聽到自己的名字被重複，並不會產生此類知覺變化 [2]。

翻轉現象的意義爲何[3]？

　　是什麼原因造成物件、圖形、聲音等出現動態的曖昧狀態呢？不斷練習可能會增加自發性翻轉的出現。也許「另一個可能」頗容易被大腦所選擇[4]。「另一個可能」帶著相對的可能性，在我們的大腦裡伺機挑戰現下的知覺。我在看了幾週的曖昧圖形後，我發現連固定的東西（如：水泥建築物），都會在我眼前翻轉。這實在非常惱人，對駕駛與飛行也都很危險。

　　奧地利哲學家 Ludwig Wittgenstein 曾討論過這個現象，並問到：它們是知覺的改變、還是詮釋（interpretation）的改變[5]？他說：

　　「我們怎麼可能根據一種詮釋去觀看（see）一個東西呢？這個問題代表一個古怪的事實——似乎一個東西被強迫壓成某形式，而它並非真

2　見由 D. C. Beardslee and M. Wertheimer 所著並被翻譯並出版的《Readings in Perception》(Princeton: Van Norstrand,1958), 194-203。

　　有關語詞轉換的第一篇文章，是由 R. M. Warren and R. L. Gregory（1958）所寫 'An auditory analogue of the visual reversible figure'，見《American Journal of Psychology》71: 612-13。

3　我在《Mind in Science》（London: Weidenfeld & Nicolson, 1981），383-407 中，對曖昧的意義有較完整的討論。

4　John Harris 發現，Necker 立方體及其他類似的圖形，其看起來的方向，是受到透視象徵所引導。在標準的圖形中，這種象徵是中立的。藝術家 Patrick Hughes 利用反透視法，使畫的局部產生凹入或凸出的效果，會產生很強烈的反向運動錯覺。

5　見 Ludwig Wittgenstein 所著《Philosophical Investigations》（1953）。

的適合該形式。但，此處並無擠壓，也無強迫。」

眞的沒有擠壓或強迫嗎？也許眞的如此，Wittgenstein 繼續說道：

「這眞的是一個不一樣的印象——爲了要回答這個問題，我必須問我自己，我的腦子裡眞的有不一樣的東西嗎？我如何能發現它呢？——我描述（*describe*）自己正在用不同方式所觀看到的東西。」

最近的大腦科學能解決這個問題。科學家發現在視神經系統裡，大腦細胞會隨著知覺的翻轉而自行點燃，改變了自己的位置。Wittgenstein 的大腦裡確曾（*were*）出現過改變。他的說明現在看來很古怪，因爲當時對觀看與詮釋的想法，與現在完全不同，現在我們會把詮釋視爲是知覺運作的一部分。

繪畫中的曖昧

讓我們用繪畫來看看一些知覺原理吧！

Arcimboldo 的這幅畫——〈*Vertumnus*〉（圖二十），是他典型的一幅水果臉圖畫。它看起來既是水果又是臉孔[6]。雖然它不可能「眞的」是一物件，但這種曖昧卻顯示出：物件何以被看成是那樣子，這其中的知覺其實是由許多「線索」與既有知識所創造出來的。

---

[6] Giuseppe Arcimboldo 約在 1527 年生於米蘭，最後身份是 Archduke Charles of Austria 的宮廷畫師。他以用水果、書等物品組成臉孔的畫作聞名。他是一個相當傑出的畫家，在當時很受敬重。

圖二十：Arcimboldo的原作〈Vertumnus〉（1590或1591）木板上的油畫。存於
Skoklosters Slott, Balsta，瑞典。

　　Magritte 的畫〈*The Promenades of Euclid*〉（圖二十一），畫中兩
個特徵處有相似的形狀，但它們看起來卻截然不同。右邊是一條延伸至遠
方的道路，左邊是一個形狀類似、但卻完全不同的東西：一座尖頂的塔。
就透視原理而言，收斂的線條代表了深度。文藝復興時期的畫家學會了用
這種方法在畫中表現深度感，而大腦早在幾百萬年前，就已祕密地知道此
事了。

圖二十一：Magritte的畫作〈Promenades of Euclid〉中的道路與尖塔。

在這幅畫中，Magritte 利用這一深度線索來表現延伸的道路，而同一形狀又是正立的尖塔。此時對建築物的*物體知識*（*object knowledge*）否決了*透視法則*（*perspective rule*）。如果將畫的某局部遮住，會產生有趣的現象。試試將尖塔移開，會發生什麼事呢？

Hogarth 的畫〈漁夫〉（"*The Fisherman*"）（圖二十二），是我知道最早的畫家玩弄透視原理而創造矛盾的畫作。一個人看得越久就越覺得它怪。例如：那位旅行者應該與老婦手中的蠟燭在同一個距離，因為老婦用蠟燭在替他點菸，但從透視的線索來看，他應該在更遠的地方，所以旅行者似乎既近又遠。漁夫的釣魚線也出現同樣的矛盾與曖昧。

Frontispiece.

Whoever makes a DESIGN, without the Knowledge of PERSPECTIVE will be liable to such Absurdities as are shewn in this Frontispiece.

圖二十二：Hogarth的雕刻畫作〈漁夫〉。

　　知覺的（*perceptual*）知識可能與觀念的（*conceptual*）知識不同，所以我們看到的（聽到的、觸摸到的）可能與我們所知道的相衝突。例如：我們從一個斜角度去看腳踏車輪子，它看起來是個橢圓形，但我們知道（*know*）且相信它是個圓形。因為只有圓形才能讓輪子平順轉動（圖二十三）。

圖二十三：腳踏車車輪的外觀與實際情形。從一個很斜的角度去看，車輪呈橢圓形，
　　　　　但我們知道它是圓形的。（如果車輪轉動得很平順，我們可確定它是圓形
　　　　　的，如果在夜間它轉動得有些顛簸，則我們會懷疑它是否為圓形）。

　　另一個大家熟悉的知覺知識與觀念知識相衝突的例子是鐵軌，火車
司機看到的鐵軌是交會在遠方的，但他假設、相信，並以行動證明他的相
信：鐵軌是平行的，否則他不會開動火車。他的行為來自觀念上的知識，
但我們並不都是選擇觀念上的知識來做決定的。事實上，知覺與觀念上的
真相是經常在作戰的，有時前者贏，有時是後者勝。知覺上的錯覺可能會
誤導觀念上的理解。

　　知覺其實並未很努力地把表象導引到「客觀的」真相。色覺由於考

慮到光照的種類，即便在不同色光照耀下，東西看起來的顏色還是幾乎一樣。斜的車輪看起來比視網膜上的影像要更圓一些。鐵軌看起來比視網膜上的影像更近乎是平行的。

　　值得注意的是，「翻轉曖昧」現象中會出現一些另類知覺，跟原本的知覺好像一樣都是「真的」，但其中至少有一個必然是錯覺。這表示無論在知覺或信念方面，我們都不太會分辨真假。

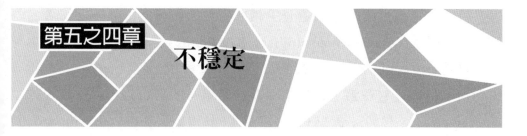

第五之四章　不穩定

歐普藝術與所有的眩目畫

重複的圖形可以造成「目眩」（visual '*jazzing*'）效果。藝術家 Bridget Riley 因此以她的戲劇性作品「歐普藝術」（Op Art）畫，而聞名於世（圖二十四）。

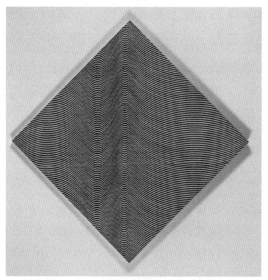

圖二十四：Bridget Riley的歐普藝術。
Crest, 1964, Synthetic emulsion on board. 166 x 166 cm, British Council Collection.

　　目前對這種目眩的起因還有爭議，當然起因可能不只一個。著名的電氣神經學家（electro-neurologist）Semir Zeki 相信：儘管刺激物本身並未移動，但因這類圖形直接刺激了皮質 V5 區域，所以造成了移動感。東西沒動卻感覺它在動，這現象並非前所未有，它也會出現在「後效」（after-effect）移動（頁 151）、以及「Phi 現象」（Phi phenomenon）中。因此，雖然看起來不像是這些特定圖形刺激了大腦中的移動系統，但實際未動卻顯得在動，這其實是可能發生的。然而，還有另一解釋，認為眼睛其實有細微的顫動，而使得視網膜上的影像產生了移動；再加上水晶體的調節動作，這也可能刺激了移動系統——尤其當眼睛看見的是高對比的重複線條、或重複短棒的圖形之時。

　　當這類圖形暫時停留在視網膜上時，它便形成了一個短暫的後像，此後像與稍微移動的視網膜影像一起「跳動」（beat），造成了動態的雲紋圖案（moiré pattern）。這一原理可用另一個例子證實，我們將圖形一樣的兩張投影透明片交疊，然後略微移動其中一張，讓它與另一張來回交錯，如此即可產生移動感。「MacKay 光芒圖」（MacKay Rays）的菊花狀圖案也有類似效果[1]。值得注意的是，這種目眩效應與圖案形狀無關，關鍵在於線條必須是重複的、緊密排列的、高對比的[2]。

---

[1] 如果從一個針孔去看這些圖畫，目眩的效果會降低，因為此時眼睛的視力調節（accommodation）會降低或沒有作用。如果將此圖以後像存留在視網膜上，則沒有任何目眩效果。見 R. L. Gregory (1955) 之論文 'Brain-created visual motion: an illusion?'，刊於《Proceedings of the Royal Society of London B》260: 167-8。

[2] 相關實證也許還有爭議，請見 R. L. Gregory (1993) 之論文 'A comment: MacKay Ray's shimmer due to accommodation change'，刊於《Proceedings of the Royal Society of London B》，253: 123; Gregory (1995)，"Brain-created visual motion"。

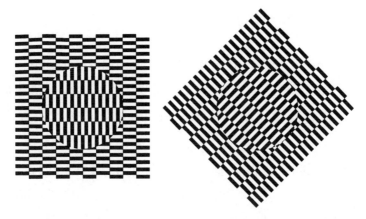

圖二十五：Ouchi錯覺。（Hajime Ouchi: 1977）圖中的圖形可不受背景影響而浮動。

　　如果在黑暗中觀看自己的手的後像，這一效果更爲明顯。方法是：在暗室中，眼睛先看用電子相機閃光燈照亮的手，使眼內先形成一個手的後像圖，然後再看在黑暗中的手，此時緩慢移動或轉動手，會發生什麼呢？此時視網膜上的後像是固定住的（猶如靜止的一張照片在眼睛內），但它看起來卻在移動，而且有時候會套疊在看不見的手上。如果手移動得大些，這個移動現象會消失，亦即視覺與有觸覺的手會分開來。

　　這個實驗還有一個相關的效應。如果在上述狀況下，受測者在暗室中圍繞著後像走動，後像會顯得具有伸縮性，它會隨著走動而改變形狀。至此，受測者可看到所謂「動態恆常比例」（dynamic constancy-scaling）現象。在正常情形下，當一個人在暗室走動時，爲因應視網膜上影像的變動，而會出現補償性的（compensating）比例變化，以維持視網膜上影像大小的穩定。但在上述實驗中，這種補償性的變化反而造成了影像的不穩定——因爲後像沒有移動，所以也不需補償。因而我們看到：原本爲了防止移動而出現的補償機制，反造成了移動現象。

幻影乒乓球

Donald MacKay 發現：在一個頻閃燈（stroboscope lamp）照亮的房間內（閃光頻率約每秒十次），某人注視真空管的燈絲一會兒後，若他再轉動眼睛，他會覺得發亮的燈絲會移動 —— 儘管真空管實際上在原處不動。

這個效應很戲劇化也很有趣。如果把一個持續發光的燈（如 LED 燈）放在乒乓球拍的中央，再用頻閃燈照亮它[3]，此時會覺得球拍上的燈會移動，甚至會離開球拍。這一奇特的效應，在受測者無法預測球拍的動向時（例如由他人持球拍，使受測者無法準確追隨球拍的移動），會產生最大的效果。如果有兩個這樣的球拍，我們甚至可以打一局幻影乒乓球。

這個效應顯示了：視覺對位置（position）與移動（movement）的處理，是兩個不同的管道。在正常情形下，兩者是一致而無分歧的，但頻閃儀的燈光無法激發移動（movement）管道，而持續的光源卻傳出位置移動的訊號，這就造成了一個奇特的矛盾情形 —— 實際上沒有移動，卻看見位置改變。雖然在現實上不可能，但人卻可以經驗到，這顯示了視覺管道所出現的特徵[4]，而它是可以脫離物件的現實的。

---

[3] 該 LED 燈要放在球拍中央的一個洞裡，上面覆蓋一張可透光的白紙。當以一個不是太亮的頻閃儀——頻率約為 7-10 閃／秒——照耀下，這個持續被照明的洞在拍上游移——甚至完全離開拍面——看起來像是個乒乓球。

[4] 水晶體為了捕捉焦點而持續縮放；或稱之為視力調節，會阻礙眼底鏡對眼睛內的觀察。天文學家有類似的困擾，但現在有一種代償技術——主動光學（active optics）——可以降低大氣擾流對望遠鏡影像的影響。一個由電腦控制的可彎曲的鏡面，可以用鏡面的形變來抵銷氣流的干擾。這種設計也可用來觀察眼睛，而且效果也很好，我們甚至可以看到視網膜上的感光細胞（桿狀細胞與錐狀細胞）。這可用來幫助診斷網膜退化疾病與糖尿病網膜變化。藉著監視該儀器的修正訊號，我們也可測量到水晶體的動態散光。這套系統也有可用來刺激視網膜

搖晃的鉛筆

　　用兩指橫捏著鉛筆的一端，然後將手上下快速移動，這枝筆看起來會像是有彈性的橡膠做的，尤其在昏暗的環境下看更是如此。昏暗的環境會延長訊號的傳遞時間，此與暗適應（dark adaptation）有關。也許在昏暗的環境中，傳遞位置訊息的視覺管道，受到的影響比傳遞移動訊息的視覺管道要大。

搖擺的風車

　　如果我們靠近旋轉的風力發電機的風車葉片觀看，會發現一個有趣的現象。當我們以一個斜角度（約偏離垂直角度 10 度）去看葉片時，會覺得葉片是彎曲的，好像是橡膠做的。這一現象很奇特，因為這些葉片其實都是巨大而堅硬的旋轉物。

　　若正面觀看風車葉片，葉片尖端的移動速度看起來是固定的。但如果從一斜角去看，每一旋轉的葉片在視網膜上的影像會反覆地從垂直變成水平，而使得葉片的速度看起來忽快忽慢，雖然在知識（knowledge）上，我們知道它的角旋轉（angular rotation）速度是固定的。也許知識可以對抗眼睛所見的速度變化訊號，也可能是訊號打敗傳入的知識，端看何者較為強大。

―――――――

的一小部分區域，甚至可以只刺激單一個感光細胞（Miller et al. 1996）。這樣一個很簡單的影像系統，真的可用來探究眼睛嗎？

視網膜對抗

　　兩隻眼一同作用而產生立體感，靠的是「兩隻眼內」影像的對應點之間有一個水平差距。因為兩眼在水平方向是兩相分離的，兩眼內的影像其實是來自稍微不同的視角。

　　如果兩眼試著一張一閉，輪流看眼前一枝直立的鉛筆，若對照較遠的物件，你會感覺鉛筆在左右移動。兩眼影像的水平差距越大，則近物會顯得更接近人。視覺大腦就是運用此水平差距──即「雙眼視差」（binocular disparity）──來產生立體深度。3D 立體圖會產生效果，也正是運用此原理──將成對的圖片用相同的視差，以立體鏡分別給左右眼同時看，就會形成立體感。這成對的圖像也可戴著紅 - 綠眼鏡去看。當大腦將兩圖像融合後，就能產生栩栩如生的 3D 深度感了[5]。

　　想要大腦融像，水平視差是有限度的。我們稱之為「Panum 極限[6]」（Panum's Limit），它大約是 1 度角所對應的範圍。超過這個範圍，大腦無法融合兩眼所見的影像，這時我們會看到緩慢、動態的視網膜「對抗」（rivalry）──即先是一眼排斥，然後另一眼排斥，接著接受並組合視野內的不同部分。這種動態的、緩慢變化的效應，會讓人相當不舒服。

　　兩眼分別看到不同的亮度（brightness）或顏色（colour）時，也會產生「視網膜對抗」（retinal rivalry）。看 3D 電影（即立體電影 anaglyphs）所用的紅 - 綠眼鏡，其效果好得有點讓人意外。值得注意的

---

[5] 英國物理學家 Charles Wheatstone 於 1832 年；也就是剛在攝影術發明之前，發現了立體視覺並發明了立體鏡。他於 1838 年正式發表論文。見 N. J. Wade, Brewster and Wheatstone on Vision (London: Academic Press, 1983)。

[6] 譯者註：原英文誤植為 "Parnum's Limit"，正確應該是 "Panum's Limit"。

是：只要大腦可以融合兩圖間相應的特徵，則即使顏色不同，也不會造成對抗現象。如果你戴上紅綠眼鏡，去看白色的牆壁，你會看到一直變化的斑塊，不同顏色不會融合起來；然後你再去注視共有的輪廓，此時顏色間的對抗就消失了。何以融合的輪廓可以防止顏色間的對抗，原因尚不得而知。若亮度呈現極端對比，也無法產生融合的圖像，如：一眼看白色線條，另一眼看黑色線條（或者在立體鏡中，一眼看正片照片，一眼看負片照片），都無法產生融像，更無法產生 3D 視覺。另外，如果所融合出的圖像不能產生意義，視網膜上則還是會出現對抗現象。

光澤

看拋光過的金屬表面，會感覺有動態光澤（dynamic lustre），這也是視網膜對抗所造成的。不同於看粗糙的表面，若看光滑的金屬表面，只要角度略為改變，表面的亮度感的變化就很大。兩眼間多處亮度差異太大，會使大腦無法融像。黃金做的葉子看起來閃閃生輝，主要靠的就是表面局部亮度的不同，使兩眼產生對抗而造成的效果。所以如果僅以單眼去看，則金葉子就會大為失色了。

等亮度

如果視覺上只有顏色（colour）對照而無亮度（brightness）對照，在知覺上將會出現驚人的缺失。亮度一樣，沒有對照物顯示反差（contrast），這就是所謂的等亮度（Isoluminance，若要避免拉丁字與希臘字的混淆，也可用 equiluminance 一詞）。如果亮度沒有反差，只有

相對照的顏色，圖形的邊緣會變得不穩定，文字將很難辨認。如果用亮度一樣的紅點與綠點組成一張人臉（彩圖二），則這張臉看起來會不像一張臉。另外，移動幾乎完全被破壞了，Julesz 亂點立體感也消失了，深度感也大為減損[7]。

在「等亮度」情況下，「咖啡店牆壁圖案」（圖三十一）的錯覺也消失了。我們可以猜想這也許與「邊界鎖定」（border locking）有關。由於視覺是由多重平行且獨立的管道共同運作而成，包括位置、移動、立體深度等管道，這些管道之間一定有套準（registration）問題。彩色印刷時，套準就是個重要問題。

在「等亮度」情況下，會喪失掉形式、移動、（尤其是）立體感等知覺。只有顏色反差沒有亮度反差，竟出現如此戲劇性的知覺喪失現象，現在已有許多研究以此生理現象為基礎，進行廣泛探究。由於哺乳類中僅靈長類有色覺，所以色覺應該是較晚演化出來，而疊加在較古老的知覺之上的，這就像有些畫作有多層次一樣。對這些藏於下層的生理學，最近已出現一些細緻的探究[8]。

移動的經驗

值得注意的是：大腦藉由視網膜上的影像及對物件既有的知識，所

---

[7] R. L. Gregory (1977),'Vision with isoluminant color contrast: 1. A projection technique and observation'. Perception 6.1: 113-9; V. S. Ramachandran and R. L. Gregory (1978), 'Does colour provide an input to human motion perception?' Nature 275: 55-6.

[8] M. S. Livingstone and D. H. Hubel (1984), 'Anatomy and phyiology of a colour system in the primary visual cortex', Journal of Neuroscience 4: 309-56.

建構出外界的「虛擬實境」（virtual reality），通常是很穩定的，但也會出現靜止物卻有移動的現象。大家最熟悉的情況莫過於大量喝酒後產生的視覺不穩定情形。這種不穩定可能與「自體運動效應」（auto-kinetic effect）有關。

自體運動效應

如果在暗室中觀看一個小而暗的燈光數分鐘後，你會覺得這一燈光會游移不定，通常移動方向是隨機的。然而，如果將兩眼先用力往一邊看，再轉回看中間，此時受測者會覺得燈光往某一方向移動（通常是對側），此移動會維持數秒鐘。

一般認爲這種「自體運動效應」是由於眼睛轉動造成的，但實情並非如此——雖然它與眼球運動系統有關。我們可以運用簡單儀器來顯示：在眼睛不動的情形下，也會產生自體運動的現象[9]。

到底發生了什麼呢？在正常情形下，眼睛即使轉動，但外在世界並未因此而移動；這與平移攝影（panning ciné）或錄影不同，因爲在平移攝影時，整個世界是在往反方向移動的。這也不同於：我們用手指輕推自己的一眼，此時會看見外在世界也動了。正常情況下，當我們轉動眼睛時，會使得視網膜上影像也產生了移動，然而就在大腦發出眼球運動訊號的同

---

[9] 視網膜中央（即中心小凹）部份對於藍光幾乎是目盲的（但有個人差異）。受測者可在暗室中，藉由固視一盞小藍燈而看到自己眼球的移動（或沒有移動）。我們在小藍燈周圍加一圈暗紅色的燈光供眼睛固視，當眼睛有任何移動時，就會看到藍光一閃。我們發現：即使眼睛固視不動，仍會有持續的自體運動效應。見 R. L. Gregory (1959), 'A blue filter technique for detecting eye movements during the autokinetic effect', Quarterly Journal of Experimental Psychology II: 113。

時，大腦還會發出另一個相同而反向的訊號，去抵消掉視網膜上的影像移動[10]。我們可以用一些簡單的動作，來釐清到底發生了什麼：

(1) 試著轉動眼睛，你會發現四周景物不動。

(2) 試著用手指輕推一眼（另一眼閉著），你會發現景物移動了。

接著我們在全黑的房間裡，先在眼內形成一個後像（after-image），重複上述實驗：

(1) 試著轉動眼睛，你會發現後像跟著眼睛動。

(2) 試著用手指輕推一眼（另一眼閉著），此時後像不動。

這個實驗顯示出，有一個很棒的「取消系統」在正常情形下，可以防止我們看到旋轉的世界；而這個取消系統對些微的失衡都非常敏感。此時出現「自體運動效應」，顯然是因為眼外肌肉的些微顫動，使得中樞發出了一個要求眼球保持不動（keep the eyes still）的命令；而眼睛因用力看一邊使得一組眼肌疲勞，進而導致系統失衡，所以需要修正，因而發出反向移動的矯正訊號，這便使眼睛看到了外物的自體移動現象。

為什麼在日常生活裡，我們四周的景物，並未出現如暗室小燈那樣，在「自體運動效應」下而會隨機移動呢？換句話說，為什麼我們整天都沒看見外物的「自體運動效應」？也許視覺大腦所假定的世界是穩定的情況，需要更強大的訊號才能打破它。唯有在眼睛用力往一邊看，才能造成像暗室中的小燈光一樣的移動現象；而世界是穩定的這一假設，其力量非常強大。這一假設對於地震而言頗有歧視意味；而地震的確非常嚇人，因為上述基本假設被顛覆了。

如果經驗到世界在旋轉，例如坐在一個旋轉桶中，其實是頗難受的。

---

10 這個方式要比等待眼肌的回饋訊號來得快（零延遲），雖然這是個次級系統，只是被用來粗略的感覺眼球所在的位置。

我們常會遇到一個問題：到底是什麼在動，是我自己嗎？還是周遭的環境[11]？

被引發的移動

　　相信大家都有這樣的經驗：我們坐在一節靜止的火車車廂裡，當旁邊的火車開動時，好像是自己坐的車廂在移動。所有的移動都是相對的。這個例子裡我們做了錯誤的抉擇。原因是我們一般認為較小的（*smaller*）東西看起來應該是在動的。一個通常的假設是——也經常是正確的——整個場景應該是固定的，較小的東西相對於整個場景應該是移動的。

　　當大的場景移動時，就會產生一個錯覺，即小而靠近我們的東西看起來在往相反的方向移動。這個「被引發的移動」（induced movement）反映了大腦是如何判斷可能性的：何者動、何者靜；相對較大而遠的背景是固定的，相對較小而近的東西則是在移動的。

　　只有在變速（acceleration）移動時，內耳的耳石（otoliths）才會傳遞這個訊息至大腦。穩定移動時，大腦就要猜測一下是何者在動了。由於我們人類是腳站地上而演化發展的，這使我們很自然地就知道：是否在移動及如何移動。讓人驚訝的是，即便我們的腳有時會離開地面，例如坐在車上，我們也非常擅長看出：何者在動及往何處動。鳥類早已完善地解決了這個問題。飛行員若對此出現錯覺，將是很危險的。

---

[11] 自主控制的眼球運動，不會有什麼特別事發生。

移動電扶梯效應

　　移動的電扶梯、機場裡長而水平的自動人行道（travellator），都會讓人有點驚訝，因為樓梯通常是不會動的。但電扶梯卻是超好的工具，可用來實驗人在電動梯上行走時，視覺與本體感應運動（proprioceptive movement）如何解離。由於人們對這種電扶梯已相當熟悉，若第一腳踏上一座靜止的（stationary）電扶梯時往往會有一種特殊的感覺，站立其上容易跌倒，因為通常我們預期它是移動的而實際卻非如此[12]。但這也顯示，人們可以很快學會一種特定的預期。

運動視差

　　如果我們盯著前方一個目標，身體往一邊移動（或上下移動），你會覺得所看的目標物與你反方向移動。試著左右搖擺你的頭，先看近物、再看中距離物件、再看遠物，你會發現注視的目標物，其四周景物都與目標物反向移動。我們坐在火車上看窗外風景，也可以觀察到上述的有趣現象。

　　這種近物與遠物的相對運動是一個光學現象[13]。運動視差（motion parallax）可以相當精確地傳遞距離訊息，所以有人認為：此神經機制（neural mechanism）正是演化的源頭，它使得大腦能夠從兩眼細微的影

12　就人的立體視覺而言，這種移動的電梯設計並不好。因為我們的眼睛容易定睛在不同的平行線上，而產生「壁紙錯覺」（wallpaper illusion），這是相當危險的（參見頁 14-15）。

13　這個效應被天文學家用來測量與地球最近的行星的距離。其所採用的基準線就是地球與太陽的 2 倍距離（186,000,000 英哩），然後隔 6 個月照一次像。

像差，而看出立體深度；同時提供了「運動視差」的訊息[14]。

深度相反視差

　　當我們看某物體時，若對該物深度的知覺，與實物相反時（例如看立方骨架、或凹臉面具時，將其深度看成相反方向），則此物似乎是以反方向做了旋轉。此物似乎跟著觀者移動，但速度快了一倍。這是因為物體的近端與遠端在知覺上做了對調，雖然實質上視差並未改變，但遠端（*distant*）特徵被看成近端（*near*）特徵，物體看起來做了反向旋轉。這個古怪的結果，頗值得用立方骨架（頁 166）來做驗證。

偽視差

　　將一段空間距離表現在平面圖畫上時，會出現一個奇怪的現象。當你圍著這幅畫移動時，照理說近物與遠物在視網膜上「應該」會有視差的變化，但即使這張圖在深度上表達得相當寫實，視網膜上也不會出現這種變化。所以你可能以為接下來不會發生什麼事，但你錯了。在深度感十分強烈（雖然是錯覺）的圖畫中，我們看到了與真實深度相反的情形發生了：當某人繞著圖畫移動時，這個帶有深度的圖畫會隨著他移動。如果圖畫的深度感越寫實，這種偽視差（pseudo-parallax）移動感就越強烈。這是一種知覺上而非實體上的結果。這種偽視差移動感並不是由圖畫本身引

---

[14] 這是由牛津大學的 Brain Rogers 所提出，他在電腦螢幕上製造出一個觀察者位移的模擬視差，而顯現出錯覺深度。參見 I. P. Howard and B. J. Rogers, Seeing in Depth, 2 vols (Oxford: Oxford University Press, 2002)。

起的，因為如果我們不移動身體而是旋轉圖畫，則並不會出現偽視差移動感——儘管觀者動與圖畫動，在視網膜上兩者影像的變化是相同的。在正常情況下，當近物移動（旋轉）並保持面向著觀看者時，視網膜上會維持著相同的影像。很明顯地，我們會把這旋轉歸因於是圖畫在動。

無論圖畫的內容為何，只要有深度感，就會出現這種偽視差移動，所以此錯覺是屬於規則本位的（rule-based）（見附錄錯覺分類總表，頁217）。如果一個人在移動，而且眼睛一直看著某人，則移動者會覺得對方的眼睛是隨著他在轉動。這也是我們看一個人的畫像時，會很戲劇化地看見的現象。Ernst Gombrich[15] 對此著墨頗多。

在立體圖中之所以能看到深度，就顯示了這種效應；包括看「Julesz亂點 3D 圖」（此圖其實沒有東西）。這一效應完全依賴觀看者能看得出（seen）立體感，若看不出立體感，此效應也就沒有了。很顯然地，這一效應不是直接由立體視差（stereo disparity）所造成的，也與對物件的知識多寡無關（例如對眼睛的知識）。

實景中的移動錯覺

如果從一個很高的建築物往下看或從橋上看底下的深谷時，底下的東西都顯得很小，而且它們會隨著（with）觀看者移動，而不是反向移動。

這與「大小恆常性」（size constancy）知覺有關。在超高的高度時，大小恆常知覺會失效。高空作業的工人，如摩天大樓的修建工，好像對其上與其下的物體有比較對稱的大小調整，所以他們似乎不受這個效應影

---

[15] 見 E. H. Gumbrich, Illusion in Nature and Art (London: Duckworth, 1960), ch. 8。

響。一般人在高樓出現的這個錯覺起因於對距離的錯估（當物體看起來太小或太大時），並結合了「大小恆常性」知覺、及其錯誤調整有關。

　　當我們在移動時而又要覺得世界是不動的，腦子勢必要造出精巧的代償作用（compensation），這種代償在某些特定情形下會出錯。如果比較觀察者被動移動（如坐在輪椅上被人推著走）與主動自行走動，將會有許多有趣的發現。比較觀察者身在熟悉與不熟悉的環境的反應，也會有好玩的發現。此處，還有很多值得我們探討的學問。

OHO臉孔與上下顛倒的書寫

　　我們對於臉孔的知覺會出現一些奇特的現象。往往一些微小而荒謬的線索，就讓我們以為看到一張臉了——所以我們會看到月中人，衛星傳回的火星照片也像一張人臉。乍見之下容易產生臉孔的知覺，正是漫畫家的賣點所在。最奇特有趣的是 OHO 臉孔，當正看是一張臉；顛倒看是另一張臉。Whistler 有許多這種傑出的畫作（圖二十六。譯者註：此圖為重繪之示意圖，讀者可在網路上找到 Whistler 的原圖）。會產生這個情形，是因為臉孔的「正式模樣」就是嘴巴在眼睛之下。當圖畫上下顛倒後，各個特徵就被賦予了是鼻子、嘴巴等等的可能性，只要嘴巴在鼻子之下就可以了。

　　書寫也可以產生類似效果。Scott Kim 製作了許多漂亮的例子（包括我的名字在內），正看、倒看都是相同的字（圖二十七）。

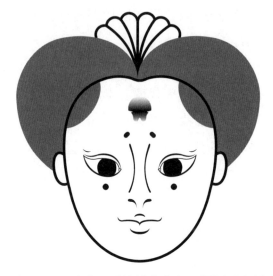

圖二十六：OHO臉孔。試著將書本上下顛倒過來看看。

圖二十七：OHO書寫。將書本上下顛倒過來看看。

柴契爾錯覺

　　有一個可能的相關效應叫「柴契爾錯覺」（Thatcher illusion），它是由英國心理學家 Peter Thompson 發現的（圖二十八）。他將照片中微笑的嘴巴割下來再倒貼回去，此時照片看起來很古怪。如果將整張照片顛倒過來看，一般人看不出來嘴巴有什麼不對勁。這顯示臉孔上的每一特徵都有一特殊的神經處理過程。這一驚人的效應顯示了臉孔的知覺不但特別，而且是「整體的」（wholistic）。這些都要歸功於大腦皮質（cerebral cortex）上的一塊梭狀的「面部區域」內的神經處理。

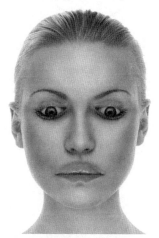

圖二十八：柴契爾錯覺。人像的嘴巴與眼睛被切割下來，並顛倒貼回去。將書本上下顛倒看，怪異的感覺便消失了。

　　最後，如果將一幅畫中的眼睛複製一對，這樣其中一對會在另一對的稍上方或稍下方，如此會出現頗為戲劇性的目眩效果。此時如果紀錄觀看者的眼球移動，必定很有趣。它們會修正那不存在的錯誤嗎？眼睛特別擅

長這個工作呢！（圖二十九）

圖二十九：位移的雙眼。這一奇特的目眩情形顯示了觀看眼睛的重要性。

扭曲錯覺

視覺的扭曲有很多種。我們同樣可以將它們分為感覺的（*receptive*）與知覺的（*perceptive*）兩類。前者出自受擾的訊號，後者是將訊號或資料做了錯誤的解讀。雖然兩者的差別很明顯，但實際上某些扭曲現象很難予以歸類，而且爭論已久。這是一件相當複雜的工作，我們稍後會對這些相衝突的理論做充分的討論。

也許有人會認為受擾的（*disturbed*）訊號與錯讀的（*misread*）訊號，兩者的區別就是生理與心理的差別，亦即生理-心理學（physiological-psychology）這一名詞中的那一個連字號。至少就我的想法而言，這是最基本的[1]，但這其中還是有些爭議。為了幫助思考起見，這生理與心理的區別，我們可用大家所熟悉的電腦做比擬。當電腦當機時，問題可能出在硬體（*hardware*）壞了、或軟體（*software*）錯誤。不過對於電腦軟硬體錯誤所做的「處置」，是不同於醫生對生死判斷所做的「處置」的。

如果說某樣東西「被扭曲」了，我們接著要問：「它的原貌是什麼」？因為一定有一個大家所接受、沒有扭曲的參考物存在，才能使「被扭曲」產生意義。這個原則適用於所有的錯覺。一定要有一個不被扭曲的

---

[1] 設想把一本書丟進澡缸裡。這本書變得很難讀，因為字跡（訊號）已難辨了。另一種情形是：你看的字很清晰，但你對這個字的意義做了錯誤的選擇。

眞相，才能使錯覺有意義。如果所接受的眞相改變了，則所稱的錯覺也就改變了。

訊號錯誤

我們曾提過，某些扭曲是由於神經訊號的錯誤，有些扭曲則是對訊號或資料的錯誤解讀。由於前一扭曲的解釋被生理學家所「擁有」，後一解釋則被心理學家所「擁有」，所以誰擁有錯覺的解釋似乎是一場學門的對抗。我們將嘗試用一些例子來決定誰的解釋是對的，不過可能不是所有的同行都會同意。這些爭論可以激盪出問題，也可以引出新的實驗。

光滲

相同尺寸的黑、白兩方塊，看起來白色方塊要稍大些。一般而言，亮區與暗區之間的分界線，看起來會向暗區偏移。雖然這是一個小小的效應，但對天文的觀察是很重要的。

光滲現象（Irradiation）並不如它看起來的那麼簡單。一個細小、黑色的物件，例如電話線，在明亮的天空襯托下會顯得大些（*larger*）。書寫或印刷的文字通常都是白底黑字，視力檢查表（Snellen chart）也是如此，因爲白底黑字的視覺效果最好。

最近美國的視覺專家 Gerald Westheimer（Westheimer, 2007）將這種邊界往暗處偏移的現象，歸因於影像光學，以及視網膜上的光照強度（illumunation）與亮度感（sensation of brightness）之間呈非線性關係。

光的戲法

　　光線在抵達眼睛之前，已遭到各種改變。天空中的星光因距離遙遠而大為延遲，我們看到的陽光是八分鐘前發出的，仙女座星雲（裸眼所能見到最遠的物體）的光是二百萬年前發出的，至於望遠鏡所能見到最遠的星光，則是幾十憶年前發出的。這也意味著天文學家將他們的職業生涯花在過去，面對那些現已不存在的東西。但這趟時光之旅，使得我們有可能看見宇宙的演進。

　　發明於十七世紀的望遠鏡與顯微鏡，剛開始人們是不太相信的，因為大家都知道曲面的玻璃會扭曲影像。然而，這些放大了的東西，卻改變了天文學與生物學。伽利略（Galileo Galilei, 1564-1642）藉著預測剛出現在地平線上的哪一艘船是屬於哪一個等待的商人，而展現了望遠鏡的可靠性。也是根據這種延伸的視覺，他善用這些儀器而證實了科學的新主張。當時，著名的伽利略以為土星環帶是三顆新行星，並未看出那環帶其實是環繞著土星的，這是他根據自己對地球的瞭解，覺得那情形是不可能的。我們對感官訊號的解讀，是根據日常經驗裡它最像什麼去做判斷的。土星有一個環帶，完全在伽利略的經驗之外，所以他覺得可能性是零，當然也就不覺得自己看見土星環了。

　　早期的望遠鏡觀察逐漸引出新想法，挑戰了既有的信仰，也引發了神學爭論。月球表面痘疤般的斑斑點點，挑戰了完美天堂的說法；太陽系以地球為中心的說法，在木星衛星群的太陽系模型玩具面前，也顯得相當可笑。當年地心說這類主張很難被否定，然而科學終究改變了人們觀看與理解世界的方式，隨著科技發展更徹底改變了人類行為，此時對早年那些主張則更是難以接受。

　　十七世紀以來的望遠鏡與顯微鏡，讓我們看到了前所未見的結構與物

體，這也不是其他感官所能經驗到的，所以給了眼睛一個特殊地位。也無怪乎從前將天才形容爲「發光的」（'bright'）！還有一個更古老的光學儀器將視覺與其他感官分開了——鏡子。鏡裡的世界，其實與目盲（有觸覺無視覺）是相對的。鏡中世界係藉著鏡子，將日常世界裡觸覺與視覺結合的關係分離了。對哲學家而言，光線比想像更爲奇特。而在神話中，鏡子更是重要，因爲它是超越死亡後的世界之窗。

鏡子裡的虛像（*virtual images*）是很神祕的，只有去看它的時候才存在（更精確地說，只有在眼內；或經凸透鏡、凹面鏡成像）。平面鏡裡的虛像就如同 Berkeley 主教所說的：「物體唯有被看到才存在」，而這一觀念最近在量子物理學界又再度興起。的確，牛頓在 1704 年出版的《光學》一書中明白指出，平面鏡裡的虛像是依賴眼睛成像的，或確切地說，是依賴照相機成像的。眼睛所看到鏡中的假設影像，是依據反射光線的路徑所看到的，所以當光線有所偏折時，眼睛所看到物體的位置就有偏差了。觀看鏡中影像，相當有趣卻又反常，因爲鏡中世界與看得到摸得著的真實世界，是兩相分開的，這使得一物件（包括我們自己）在知覺上產生了兩個實體。值得注意的是：我們是透過所觀看的玻璃看到自己，但我們又知道：自己是站在玻璃之前的。這種鏡中物體的距離失真，與鏡中影像左右相反又不一樣，左右相反的原因是光學性的，很容易由物理光學圖解明白；而距離失真是指：人眼由鏡子看到物體的光學路徑，要比眼睛直接視物的光學路徑要長，因爲前一路徑是光線從物體經鏡子再到眼睛。腦與眼構成的視覺系統，對鏡子一無所知，僅知鏡中物體比實際物體要遠。

鏡像的左右相反

鏡面反射光線的原理，完全不是一般人所知道或如傳統的比喻：光

線反射就是像球從牆面彈回那樣。根據最近的量子電動力學（Quantum Electrodynamics，簡稱 QED）理論，光子並不是從反射面彈開來的，而是先被表面的原子吸收後，再發射出來的（Feyman 1985）。大家熟知的反射定律：「反射角等於入射角」，這只是統計上的解釋。因爲光的反射其實是全方位的，只是主要以入射角相對的方向反射罷了。量子電動力學說明了：是因爲光線看起來像是由入射點選擇了最省時間的行進路線，以致讓人覺得入射角等於反射角。量子電動力學這一說法與希臘物理學不同，也與我們一般常識的認知不同。遊樂場裡奇怪的哈哈鏡，其實並不比我們所熟悉的鏡子更令人迷惑——後者會產生左右相反而上下卻未顛倒的影像。鏡子是如何對影像的垂直部分與水平部分（兩者是對稱的）做不同的處理呢？一片玻璃如何知道左右呢？牛頓的光學圖解裡沒有答案，在其他任何光學圖解裡也沒有答案。

用書寫或印刷的字母最容易看到發生什麼事，如果將它們左右反置，立刻會被認出來。大寫的英文字母 A、M、U、V、T 從鏡子裡看仍然一樣，E、F、K、L、P 就不一樣了，因爲它們不是對稱的，所以左右相反後，很容易看出不一樣。所以鏡子的效應對第二組字母是很明顯的，對第一組字母則沒什麼作用。爲什麼鏡像的反置是左右的而不是上下的這個問題已爭論了上百年，甚至上千年了。我在《心靈裡的鏡子》（Mirrors in Mind）（Gregory,1977）一書中已有所討論，在後來出版的《用奧坎剃刀在鏡裡刮鬍子》（Shaving in a mirror with Ockham's razor）（Gregory, 2007）一書中也有討論。同樣地，到現在爲止仍有很多解釋，甚至哲學家康德（Immanuel Kant, 1724-1804）已做了結論：這個問題太難了，超出人類的理解能力。

對於這個難題的答案，我們或許可以簡單地去看。我們甚至很難確定這是哪類（kind）問題，是物理或光學問題嗎？是解剖或腦組織的問題

嗎？是心理或邏輯問題嗎？還是語言的呢？這方方面面都曾提出過答案。想要回答的人太多，可惜多屬誤謬，許多無意義的文章陸續發表，甚至登在頗受敬重的科學雜誌上。

答案跟人體左右大致對稱的結構無關；與人眼的左右水平分開無關；與光線進入人眼路徑相反（在各個方向都是對稱的）無關；與大腦左右半球交錯相連無關（否則為什麼只有鏡像左右相反，而不是看所有東西都相反？）。其實「左」「右」這兩個字本身就有點模糊不清，就像舞台的方向一樣；但語言的模糊性，何以會造成視覺上始終的左右相反呢？「心像旋轉」（'mental rotation'）似乎是心理學角度的一個答案，但它太慢且欠精準，因為鏡像相反是即刻又準確產生的。有一個線索可能有助於尋找答案：如果對著鏡子照相，這張照片（*photograph*）也一樣是左右相反，但相機並沒有大腦或心智，也沒語言！

所以，為什麼鏡像是（*are*）左右相反而不是上下顛倒？其實對大家來說，該好奇的是：這為什麼是個難解的問題？如果這個問題都難解，那我們還能期待去瞭解像「意識」這樣的難題嗎？

有一個小實驗也許能幫助我們瞭解答案：在一張透明膠片上寫字，然後拿起來對著鏡子，鏡中的字就不是（*not*）左右相反的。當左右旋轉（*rotated*）這張膠片時，其上的字看起來就像「鏡像書寫」（或稱反寫mirror-writing）一樣。寫在透明片上的字不需要旋轉，我們就能看懂它在鏡中的模樣，然而，寫在不透明的紙上的字或書本，的確需要旋轉而非直接觀看，才能在鏡中看懂它的字樣。

鏡像相反的產生，是因為：物體先被旋轉了，非直接觀看，而是面向鏡子看才造成的。物體通常會因為重力的關係而沿著垂直軸旋轉，但我們也可以把物體沿著水平（*horizontal*）軸旋轉去面對鏡子，此時它看起來就是（實際上也是）上下顛倒，而不是左右相反。

　　我們看鏡子裡的東西或書寫的文字，是經過旋轉，是面對鏡子，去看鏡中的物件。這也適用到我們自己：如果一個人站在自己的頭上看鏡中的自己，你會看到自己是上下顛倒，而非左右相反的影像。這其中有一些複雜的思考，因為這裡有些不甚瞭解的知覺修正，去顛倒頭的位置（試著傾斜你的頭：你會覺得世界仍是正立的，這與傾斜著照相機所拍出的景象完全不同）。用鏡子做一些實驗是很值得的[2]。

　　如果是一個很大的物件，如一座山脈，在鏡子中的反映景象如何呢？整個景如何旋轉呢？那是不可能的。但有一個技巧可達到相同的旋轉效果，即旋轉觀看者的眼睛（*rotation of one's eyes*），也就是背對山脈，面對鏡子。

　　開車時，駕駛可以往前看後視鏡，而看到車後的景象。也就是說，駕駛並沒有直接往後看，而是看前方的後視鏡。此時，鏡中影像的左右相反是由旋轉頭部所造成的。

　　所以，鏡像的左右相反是由某種旋轉、非直接觀看所造成的，旋轉的可以是物件，也可以是觀看者本身。如果沒有認清這一點，鏡像的相反永遠是難解之謎。這種錯覺在我們瞭解其原因後就會消失，但光學或知覺的錯覺卻未必如此。眼睛所看的錯覺與思考上的幻想，兩者僅僅一線之隔。鏡像的相反只是簡單的物理光學之故，但猶如魔術一樣，在未明瞭原因之前是那麼的神祕。但願哲學與教育能俐落地解決各種謎團！

適應

　　視覺會隨著我們所注視的東西、當場情況而改變，如：亮度條件。在

2　我們在鏡子裡看不到自己眼睛的轉動。因為眼睛在作跳躍式掃視時，傳到大腦的訊號被切斷了。

很亮的環境下，視覺的敏感度會消失，在「暗適應」（'dark adaption'）的情形下，敏感度則會逐漸恢復。初期的恢復很快，但完全恢復約需一小時。盯著彎曲線條看一會兒後，再看直線，一時之間會覺直線往反方向彎曲（圖三十）。

 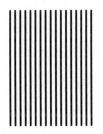

圖三十：對傾斜、彎曲、空間頻率的適應。注視彎曲的線條圖約10秒鐘，再去看直線條的圖。這些直線條應該會短暫地彎向另一邊。在注視彎曲線條後，再看直線條應該是彎向另一邊的。

視覺對圖形或物件的適應（adapting），可能是神經系統疲勞而失去了功能，也可能是視覺系統重新校正（recalibrated）了。我們不能確定這種適應是設計上的失敗，還是一種爲增進效率的自然演化而形成的有用設計，進而增加了存活機會。

這些適應現象可用來梳理及發現一些神經管道，包括：傳遞傾斜或彎曲空間頻率的管道、顏色的管道等等。但我們很少將適應的結果以簡單方式將表象（appearances）連結到背後的生理基礎上，因爲這些表象是靠多條神經管道、以各種方式共同形成的。例如：一般相信，傾斜（tilt）是由特殊管道傳遞的，但傳遞曲線（curvature）的管道還沒發現，所以曲線的傳遞可能是由許多傾斜管道共同完成的。這個看法是比較可能的，因爲曲線的種類很多，不可能每種各有一個管道。

至於顏色適應可能是這樣的：當盯著一種顏色看數秒後，會打破三個

重疊管道之間的平衡。特定的顏色並沒有特定的傳遞管道，所有的顏色都是由分別負責長、中、短波長的三個管道混合傳遞的。由於生理機能與異常現象之間的關聯非常少，所以我們必須用一個比較複雜的模式，去思考生理機能在其中的可能作用機轉。

　　回到我們之前的問題：適應現象是神經系統設計上的缺點嗎？或者，適應現象旨在重新校正系統，以避免長時間所產生的錯誤？兩者都有可能。後像（after-image）是因為視網膜局部區域疲乏造成的，造成暫時的亮度與顏色的相反。小孩逐漸成長，兩眼間的距離也越大，其產生立體視覺的基準線也增加了，但這一因素被某種代償機制（compensation）抵銷了，所以看遠時，立體深度並未改變[3]。普遍而言，視覺似乎要經過觸覺來檢驗的，反之亦然；所以兩者一般是一致的，彼此也相輔相成。但兩者之間的一致性也很容易被打亂。如果你的手指沿著酒瓶口上畫圓圈，但你的眼睛是透過扭曲的透鏡（散光透鏡）看酒瓶，你會覺得酒瓶是扭曲的。所有的感覺都是易變的，也彼此相互影響，只是通常是彼此保持一致的。

　　然而，當一個神經管道適應了一個新情形，而其他平行的管道卻沒改變，此時就可能發生各種狀況了。這一單獨改變的管道可能被排斥在外，也可能結合在其他管道中而共同傳遞出怪異的訊息，形成所謂的矛盾（*paradox*）的現象。如同我們之前提過的，哲學家 George Berkeley 曾將一隻手放入熱水中，另一隻放入冷水中，然後將兩手放入溫水中，他同時感到水溫既冷又熱。另外，在移動的遺後效應（after-effect of movement）中，圖形的位置沒變，但我們仍看到移動現象。這是因為傳遞移動的管道適應了新情形，而傳遞位置的管道卻未受到影響，所以產生

---

[3]　兩眼距離較近的人在看立體鏡時，會有比較深的深度感，因為代償作用會誇大 3D 立體圖的深度感。

了實體上不可能的矛盾現象。

一個跨管道的冒險——咖啡店牆壁圖案的錯覺

一個令人矚目而又容易研究的扭曲錯覺，就是咖啡店牆壁圖案（Café Wall）。這個名稱取自十九世紀在布里斯托（Bristol）的一間咖啡店的磁磚牆壁的圖案。這個圖案很像棋盤，唯一的差別是一排排磁磚之間都有一道灰泥線將之分開；而且每隔一排都以半個磁磚寬度錯開排列。很奇怪地，這些灰泥線雖然是平行的，但它們看起來卻像是個長條的楔形[4]（圖三十一）。這個效應之強，讓人很難相信它們實際上是平行的。

這個楔形扭曲很有挑戰性，因為它們似乎違反了一個物理原理——居禮原理（Curie's Principle），這個原理是：系統性的不對稱，不可能出自對稱[5]。然而，這個楔型錯覺是不對稱的，而圖形本身是對稱的。一橫排的磁磚圖案是重複的，任何一個區塊與其他區塊都相同，所以它是對稱的。為什麼對稱的圖形會產生不對稱的楔形扭曲呢？這種錯覺的形成有兩個階段，第一是局部的不對稱（這比較不成問題）。每一對的黑白瓷磚是不對稱的。這就產生了小型的楔形扭曲，再經由第二階段的類推，形成了長條的楔形扭曲。在整條的扭曲中，局部的小扭曲並不明顯，但在瓷磚很小的情形下，小扭曲就變得很明顯。在小瓷磚圖形中，局部扭曲很難融入整條楔形中，因為局部扭曲太明顯了。

藉由改變這一圖案的某些特徵，我們可以找出咖啡店牆壁圖案的某些法則：

4　見 George and Heard (1979, 1982, 1983)。
5　相同的情況可見於 Fraser Spiral。

圖三十一：咖啡店牆壁圖案。這些交錯的楔形其實是錯覺。這圖中都是平行的線和直角。這個錯覺圖有幾種變化，這些變化形式有明確的規則，也很容易測量。

咖啡店牆壁圖案法則：

1. 此楔形扭曲，只有在間隔的一排排磁磚列移動半格瓷磚寬度時，楔形的方向會相反。

2. 灰泥線的寬度必須小於 10 弧分（minutes of arc）。如此，細的灰泥線產生的扭曲效果最好。

3. 灰泥線的亮度居於瓷磚亮度之間時，扭曲效果最大。當灰泥線的亮度暗於深色瓷磚或亮於淺色瓷磚，則不會產生扭曲現象。

4. 瓷磚明暗亮度差異越大，扭曲效果也越大。

5. 瓷磚如果只有顏色對比而沒有明暗對比 —— 即等亮度，則沒有（*no*）

扭曲現象。

6. 如果改成小瓷磚，則長條楔形會被許多個短楔形取代。

7. 當眼睛看這個圖形變模糊時，例如瞇著眼看，扭曲的現象會加大。

　　咖啡店牆壁圖案沒有任何深度線索。它也沒有透視的問題，因爲它只是一些平行線和直角。不過，錯覺的楔形，從其錯覺的透視形狀去看，似乎是在有深度的背景中被旋轉的樣子。但是，此處是扭曲造成了（偶爾出現的）有深度感的樣子，而不是深度的線索造成了扭曲。

　　咖啡店牆壁圖案的複雜扭曲，我們可從中抽離出一個簡單效應，這個效應很奇怪，我們稱它「異常現象」[6]（Phenomenal Phenomenon）。

異常現象

　　灰色長方塊產生的「異常現象」是這樣的：一個灰長方塊，在其長端兩側，一側是細的亮帶，另一側是細的暗帶（圖三十二上半）。當長方塊的（或背景的）亮度改變後[7]，它看起來會動（move）。如果是長方塊的亮度增加（increase），則長方塊會往亮帶的一側移動，如果是背景亮度增加，則長方塊是往暗帶的一側移動。在長方塊與背景的亮度保持固定的差距下，這種隨亮度改變而產生的靜態偏移非常戲劇化。

　　如果我們多加一個完全一樣的長方塊（圖三十二下半），只是暗帶與亮帶對調，則會看到兩個方塊以相反方向移動。如果將這兩個長方塊放在立體境中分別給一隻眼看，我們會感覺它忽近忽遠地做深度（depth）移動，而不是左右移動。錯覺的移動和穩定的更替，讓立體視覺系統以爲那

6　見 George and Heard (1982)。

7　長方塊圖形是放在一個透明燈箱上面的，圖形由前方照亮，藉由亮度調整，可使圖形顯得比背景亮或暗。兩者亮度都可調整，以便產生「異常現象」的錯覺移動。

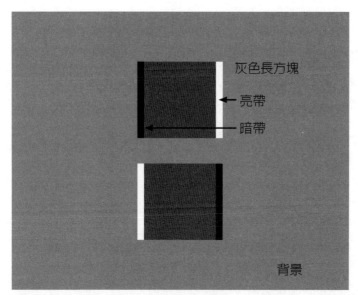

圖三十二：有關移動、位置、深度的立體異常現象。左右各有一條亮帶與暗帶的長方塊，當它的亮度比背景更亮或更暗時，看起來會移動，二個長方塊移動的方向相反。二者的邊界呈鏡像相反，如此在一眼看一個方塊時就能產生立體深度感。這個圖形展示了異常的移動、位置、立體深度。這三個函數是各不相同的。

是真的在動。

　　這個現象的細節是相當令人驚訝的。當我們比較位置（*position*）、速度（*velocity*）、立體深度（*stereo depth*）的錯覺變化時，最終會發現三者各具不同函數，如圖三十三所示。

　　這整個故事相當複雜。三個函數彼此不同，顯示這些神經管道可能各有特徵[8]。

---

[8]　在跨越等亮度時，立體深度的突然轉換，是因為融合的轉換跨越了狹窄的邊緣──因為相反的對比在眼睛裡是無法融合的。所以，這是一個特別的案例。

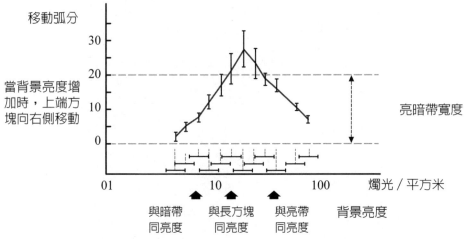

圖三十三：異常現象的曲線圖，其中包括：位置、速度、立體深度。

「異常現象」似乎是「咖啡店牆壁圖案錯覺」形成的基礎。由該圖「灰泥線」亮度變化所造成的影響即是類似狀況；由「灰泥線」亮度變化所引起「瓷磚」移動的錯覺是很引人入勝的。

邊界鎖定？

我們曾經推測，這些現象透露了一個在常態下被隱藏卻重要的處理過程，我們稱之為邊界鎖定（Border-locking）。由於視覺是多平行管道共同運作的，移動物旁邊的明暗區域，只要套準（registration）其邊界而隨之一起移動即可，這似乎是相當美好的事——雖然在暗環境下，訊息傳遞出現較長的延遲，且顏色傳遞也有不同程度的延遲。

在彩色印刷中，顏色與亮度的邊界要套準是很不容易的，色彩很容易「溢出」（'bleed'）邊界。但眼睛似乎極少遇到套不準的問題，即使是

看移動物或移動圖案也相當精準。

　　從生理學紀錄中，我們知道有多種延遲（delays）現象；「Pulfrich 鐘擺現象」（頁 160）中的延遲更為驚人。我們在搖晃的鉛筆（頁 129）也看到了奇特的效應，所以，一個物體的各個部分一起移動是十分讓人驚訝的。這個非稀有現象（non-phenomenon）真的需要一個解釋。邊界鎖定是指：各種色彩區域通常被鎖在共同亮度（common luminance）的邊緣之內。因此，在等亮度（isoluminance）下色彩邊界會變得不穩定，因為不同顏色間沒有亮度差別，以致無法產生邊界鎖定[9]。在等亮度下，套準作用便無法運作了。

時間延遲造成的扭曲

　　神經傳導訊息的速度相當慢，所以大腦常在事件過後才收到感官訊息。Helmholtz 首先在 1850 年測量出神經的延遲。那是在他的指導教授 Johannes Müller 的實驗室中做出的。Müller 曾認為神經的活動太快，以致無法測量（他甚至認為神經傳導速度比光速快，但這是在愛因斯坦理論出現之前的想法）。

9　在「咖啡店牆壁圖案錯覺」中，明暗對比的區域跨越了中立的灰泥線而一起移動，可能就是因為「邊界鎖定」的作用，如此可減少錯誤訊息的傳遞。中立的灰泥線對視覺系統而言，如同傳遞了一個位置與邊緣不一致的訊息。這其中的說法是：相對比的區域合力跨越了隙縫，以減少「套準」（registration）的誤差。這樣設計的假設是：寧願有少許扭曲，也比沒套準而產生多餘的輪廓好。準此，當灰泥線比磁磚更暗或更亮時，楔型錯覺就不會產生了，因為邊界鎖定會發生在灰泥線的近端（near sides），而不是跨過它。

反應時間

將 Helmholtz 測量神經傳導反應時間的實驗，重新去作是很有意思的，我們只要找約十個志願者，並準備一只碼表。請志願者排成一列，儘量靠近，然後請第一個人觸碰第二個人的上臂，第二個人再立即觸碰第三個人的上臂，依次類推到最後一人。然後再重複這項實驗，但這次是觸碰旁邊人的手腕部分，這便增加了神經的總長度，也就是從肩膀到手腕的神經長度，再乘上總人數。重複上述二實驗，共做十次，取十次實驗的平均值，比較兩者的差值，我們幾乎可精確量出神經總長度造成的延遲時間。這個神經傳導的速度出奇的慢，約等於腳踏車的速度。

當 Helmholtz 第一次測量出這種神經延遲後，人們懊惱地發現，我們所感覺到的都是過時的，其實我們並沒有與現況直接相連。

天文學家發現：運用子午儀[10]（transit telescope）的接目鏡（eyepiece），去觀測星體越過鏡上十字線的時間，其中在時間標記上，即使專業天文學家之間的延遲差異也很大。每個觀察者的特質不同，所以他的「人差方程式」[11]（personal equation）可以用來彌補他的個別錯誤（individual error）。觀察者的錯誤可以是負（*negative*）的！它也可能是零——如果觀察者對眼前的未來發生之事做出了正確的預測。反應時間遠比一個刺激造成的生理延遲，要複雜得多。更麻煩的是，當出現一個以上的可能刺激、以及一個以上的可能反應時，延遲時間會變得更長，這一

---

10 譯者註：子午儀是測量恆星通過其所在地的子午線，也就是過中天的事件的計時，同時也測量其距離天底的角距離的儀器。（https://zh.wikipedia.org/zh-tw/ 子午儀）

11 譯者註：Personal Equation 人差方程式，又譯為人差、人為差、人為誤差（http://terms.naer.edu.tw/detail/261795/）。Personal Equation 又譯個人誤差，係起源於天文學的名詞，指由個體差異導致的觀測誤差。（https://zh.wikipedia.org/wiki/ 人為誤差）

狀況我們曾經見過。

Pulfrich 鐘擺

　　有一個具戲劇性、簡單的現象，可以讓我們輕易測出視網膜在暗環境下產生的延遲現象。這就是「*Pulfrich 鐘擺*」（*Pulfrich Pendulum*）（圖三十四），這個實驗很值得做。將一個擺錘繫在繩上，並在眼前左右擺動。以兩眼視之，但一眼戴上一片暗色玻璃（如太陽眼鏡片）。此時觀看者會覺得此擺錘是以忽遠忽近的橢圓軌道在擺動，而不是在眼前成弧形擺盪。這個橢圓軌道的最近與最遠點，可以用指示桿標出。

　　其實眼睛傳遞的訊號本來就有延遲，正常狀況下兩眼都如此。暗色玻璃則會更為增加延遲的時間，但在擺錘不動時，例如：擺錘盪到最極端時，這增加的延遲並不會產生影響。但當擺錘在兩點之間擺盪時，戴暗色鏡片的眼睛所看到的延遲訊息便產生了水平位移，這就如同因雙眼視差（disparity）而產生立體感是一樣的。擺盪速度的諧波變化（harmonic change）產生了橢圓形路徑，而延遲的時間也可由這錯覺的橢圓路徑算出。

　　這一延遲主要來自於暗適應的結果。所以，如果將暗色玻璃換成以手電筒照亮那隻眼，使該眼先形成亮適應再去看擺錘，則擺錘會呈現與之前的路徑相反的方向（*reverse direction*）轉動。

Pulfrich 垂繩

　　讓我們訝異的是，擺錘在沒有任何背景或立體視覺參考物的情形下，卻可形成橢圓的立體路徑，怎麼會這樣呢？答案是——垂繩！如果垂繩一

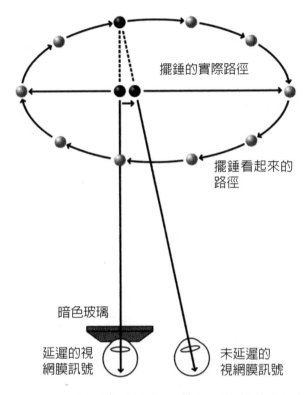

擺錘的實際路徑

擺錘看起來的
路徑

暗色玻璃

延遲的視
網膜訊號

未延遲的
視網膜訊號

圖三十四：Pulfrich鐘擺。正面觀看一個鐘擺，其中一隻眼前面用一暗色玻璃遮住，此
時擺錘看起來是在一個有深度感的橢圓軌道上移動。如果將此玻璃移至另
一眼前，則擺錘移動的方向與之前的相反。暗色玻璃會造成視網膜產生暗
適應，使得該眼的神經傳導變慢，二隻眼都是傳遞過時的訊息，只是暗適
應的眼睛將所傳遞的訊息更往前推。由於擺錘在擺到中間位置時，速度最
快，此時產生的延遲效果最大，故而產生了最大的深度感。

直保持垂直狀態（例如用一根很長的垂繩，或用平行四邊形的連接方式則
效果更好——圖三十五），此時擺錘看起來就是在其正面弧線上移動，看
不到任何錯覺[12]。

---

[12] 最好用一個相當短的擺錘，在沒有其他參考物下去看這個效應。因為重點是垂繩變得垂直，
　　如果用一個長的擺錘也可造成近乎垂直的效果，類似平行四邊形的擺錘。

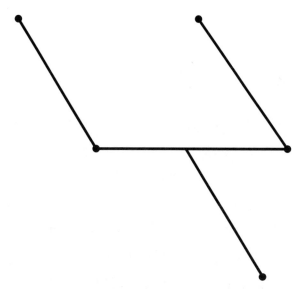

圖三十五：平行四邊形鐘擺。

延遲的視覺與話語

當聲音或視覺遭到延遲，尤其是約半秒鐘，則說話、繪圖、書寫等都會受到干擾。如果以時間延遲的方式講話，每一個人都會變得口吃。如果造成視覺延遲（可利用電子技術在電視或電腦螢幕上造成延遲畫面），則受測者看著螢幕根本無法畫圖，甚至無法書寫自己的名字。這對遙控技術非常重要，例如：藉由衛星連線的遙控手術。

對於位置改變的結果，我們可以很快地適應；例如：運用一面鏡子使受測者的位置被改變，或把電視攝影機放在一個遠離受測者眼睛的位置。對時間的延遲，我們似乎永遠無法適應或進行代償。

認知扭曲

大小 - 重量的錯覺

有一些錯覺可以同時穿越好幾種感覺。這種跨模式的現象很重要，因爲它顯示了各種感覺系統通常是一起運作的，而非分開運作。「大小 - 重量錯覺」是一個容易測量，而又清楚顯示認知錯覺的例子，它顯現出：在相同重量下，小的物件顯得比大的物件要重。這是爲什麼呢？一般而言，大東西要比小東西重，所以面對一個大東西時，受測者已預期要用比較大的肌力去抬起它，所以受測者反而覺得大物件比較輕。與之相關的是「空手提箱」（empty suitcase）效應。如果受測者先被告知手提箱已裝滿了東西（實際上裡面是空的）而要他去提起，當他去提時，箱子會被提到半空高。這是一個根據知識與假設而產生的認知現象，顯示了當知識或假設與實際狀況不搭配時所產生的錯覺。

根據 Weber 定律：在一般情形下，對重的東西的辨識力要比輕的差。在上述「大小 - 重量錯覺」中，重量辨識力到底發生了什麼問題，使得對小物件覺得（feel）較重，而大物件卻恰如（same）其重？Weber 定律是適用於秤起來（scale）的重量，還是適用於看起來（apparnt）的重量？答案是：辨別力在東西出乎意料之外的輕或重時，都會變差。

Helen Rose 發現，辨識力對密度是 1 的東西，如：對水、身體等的重量辨識力最佳（此時 Fechner 常數 [13] 最小）。辨識力在東西出乎意料的重或輕時都會變差，這在工程學上是可以解釋的。也許神經系統的運作很

---

[13] 這是 Weber-Fetchner 定律公式中，一個刺激強度相對感覺的常數。此常數也被視爲神經系統中「雜訊」的背景值。

像是一組 Wheatstone 電橋（Wheatstone bridge[14]）——把外在重量與內在預期做一比較。如果把電橋的「內橋臂」（'internal arm'）設定成接近測量值，此時電橋會最敏感與最精準[15]。這對感覺的巨大動態範圍及其穩定性（雖然其生理成分是易變的）的解釋大有幫助。這是電橋迴路（bridge circuits）在電機工程上的一大貢獻。

　　現在讓我們回到古典的視覺扭曲錯覺吧！這些錯覺吸引了兒童，也迷惑了科學家超過百年了；迄今科學家還是很有興趣討論——因為對它們的意涵還有爭議。本書最後附上的「視覺分類總表」（頁 217）是經擴充的，係對錯覺表象與可能解釋，予以分類整理而成。「扭曲」是最複雜的錯覺現象，因為它涉及五花八門的解釋。關鍵在於它們是因神經訊號受干擾呢？還是訊息被錯誤解讀了？兩者都有一些例子，但對我而言，最有興趣的是錯誤解讀的部分，因為它顯示了大腦的認知處理過程。

平面圖形的扭曲與深度知覺

　　我們活在三度空間的世界裡，物體的距離與形狀是非常重要的，儘管它們在眼睛裡的影像是平面的[16]。在網膜上的影像基本上是模稜兩可

---

14 譯者註：Wheatstone bridge 惠斯通電橋，又稱惠斯同電橋、惠斯登電橋。1833 年由塞繆爾·亨特·克里斯蒂發明，1843 年由查爾斯·惠斯通改進及推廣的一種測量工具。它用來精確測量未知電阻器的電阻，原理與原始的電位差計相近。（https://zh.wikipedia.org/wiki/ 惠斯通電橋）

15 這個 U 形函數是有可能的，因為重量的辨別其作用方式有點像 Wheatstone 電橋；即將感覺（外在的）訊號與（內在的）預知的重量相比。當兩者幾乎一樣時，此時電橋有最靈敏的辨別力。這樣的安排可以使感覺系統有較大的動態範圍和穩定性，而不太理會其生物成分中較低動態範圍和易變的部分。

16 雖然視網膜本身是呈曲面狀的，形成三度空間，但在其上的影像卻是平面的，這就猶如地球

的，因爲它可以是各種物體的不同大小、距離及形狀的諸多組合 —— 當然，某些可能性要比另一些可能性大些。距離可以藉由許多線索（或暗示）呈現出來，但有一樣東西是天生就不含糊的 —— 兩眼的立體視轉向（stereoscopic vergence），但是這也要在看近物時才可靠，因爲分隔兩眼的基準線很短（約 6.5 公厘）。另外，還有雙眼的立體差異（stereo disparity）：即近物與遠物在視網膜上的影像有一點水平位置的差異，此差異雖小，但卻不曖昧 —— 當大腦「知道」是哪隻眼看到什麼角度時 [17]。對於「大小與形狀的扭曲，是與所感覺到的距離有關」這一說法，大家應該不會感到訝異，尤其是無立體感的時候 —— 例如：對於很遠的物件、有深度的景物，用平面圖片表現之時。當我們看一張想呈現深度的平面圖片時，出現了扭曲，我們對此應該不會太意外。稍後會談到這現象。

對一個正常物件而言，它的距離與三度空間形狀，遠比其在視網膜上影像的大小和形狀要重要得多。我們要看的是物件，雖然知覺的產生有賴眼內的影像，但影像本身並不被當作是我們所見的物件。影像只是知覺的源頭（*source*），而不是知覺到的物件（*object*）。

雖然物件影像的產生是遵循簡單的透視投射法則（rules of perceptive projection），但物件是如何經由網膜上的影像而被看到（*seen*）的，卻是一件複雜的事，其中機轉也未完全瞭解。這就是各種知覺理論想要嘗試去描述和解釋的，但我們還有很長的路要走。關鍵在於：知覺不是眼內影像的奴隸。這可以從我們稱爲「比例恆常性」（constancy-scaling）的現象看出。「比例恆常」的意思是「視覺絕不受制於當下的眼內影像」，我們看到的是一個物件該有的樣子，而不是眼睛光學系統所接收到的大小、

表面是曲線的，但在其上的荷蘭被認爲是平面的。

[17] 這個說法在解釋立體視覺很行得通，但不能用在意識領域。

形狀和距離。這個影像被我們所稱的恆常比例修飾過了。

十七世紀法國哲學家笛卡爾（René Descartes，1596-1650）對視覺的大小與形狀恆常性即有所體悟，他在《幾何學、屈光學與氣象學》（Geometry, the Dioptric and the Meteors）（1637）一書中寫道：

總而言之，對於我們如何去看東西的大小和形狀，我已沒有什麼特別要說的了，這完全取決於我們如何看待這些東西的距離和所在的位置。對其大小的判斷，係根據我們對它們的瞭解、以及它們所在的位置，也與它們在眼球內的影像大小有關。但也不是由影像的大小來決定一切。很顯然地，當東西拿得很近時，它看起來的（面積）大小是其十倍距離之外的一百倍大，但這並不會使我們真的把該近物看成是遠物的一百倍大；相反地，只要我們不被（過大的）距離所矇騙，我們就會將兩者視為一樣大。

這是笛卡爾對大小恆常性的一個清楚說明。他繼續描述了形狀恆常：

同樣地，我們對一個東西的形狀判斷，來自我們對這個東西各個部分的位置的認識與看法，而不是按照眼內的影像來判斷的，因為當我們看到圓形和方形的東西時，眼內的影像通常是橢圓形和菱形的。

到現在為止，我們已對大小與形狀的恆常的實驗已做了很多，而且在不同的情境下用了各種不同的方法。比例恆常會引起或防止扭曲嗎？這個想法是「比例失當論」（Inappropriate Scaling）的基礎。

比例失當論[18]

什麼東西設定了大小比例？在平面上顯示出有深度景物的一張圖片，即有大小比例的暗示。圖片中所顯示的深度線索，例如透視結構，即可設定大小比例。在此情況下，這張平面圖片看起來（seen）是有深度感的，但當由透視性眼聚合及其他單眼深度線索所構成的深度感，被由圖片平面的質地（texture）所撤銷時，這個深度感就消失了。質地對圖片深度的妨礙是可以去除掉的，例如：以會發光的顏料作畫，並在黑暗的環境下以單眼視之，此時圖畫看起來會有真實的深度感。我們可對看起來的深度加以測量，方法是對一個移動標記，以立體鏡視之，將標記放在看起來是立體的圖片中的特定空間位置，以此設計出一個視覺空間。所以，我們可以用平面圖片或錯覺圖形，設計出在三度空間裡的視覺空間[19]。

同樣地，我們也可以在沒有深度線索下，製造出深度感，例如：用一個手繪的 Necker 立方體骨架。此立方體雖然沒有深度線索——因為各邊都是平行的，沒有透視結構——但它看起來是有三度空間感的，而且深度還會翻轉。

更有趣的事發生在一個真正的立方骨架上。這顯示了所引發的現象，其變化範圍之大令人咋舌。當深度翻轉時，立方體的形狀也跟著變了

---

[18] 見 R.L. Gregory (1963) 於《Nature》, 199: 678-90 中 "Distortion of visual space as inappropriate constancy scaling" 一文。

[19] 這一（主觀的）深度可以被客觀的方法量出。方法是將一個可移動的小標識燈，利用一個部分反射鏡（有點像 Pepper's Ghost 的效果）使之介入圖片的立體空間中，可放在任何特定的位置上。圖片只能用一隻眼去看，但標示燈要用兩眼看，如此可避免因兩眼同時看會覺得圖片是平面的，而標識燈又能準確的標出空間位置。（要戴上交叉偏光眼鏡才能看出來）。這個系統可讓觀看者將自己所見的三度空間描繪出來。當然，受測者需要某些技巧。

（*changes shape*）。當深度未（*not*）翻轉時，它看起來就是一個正立方體——即使在眼內的影像中，較遠的那個面是比較小的。但實際上，這個立方體有的只是平行和直角相交的線條[20]，其中並無深度線索可供參考，哪一個面看起來較近或較遠，完全根據它們看起來的距離遠近。

由於立方骨架在三度空間的樣子無深度線索可尋，而各面的大小又都一樣（雖然較遠的面在眼內呈像的面積稍小），我們可以假定「Helmholtz 原理」在此發生了作用——即大小是由看起來的距離所決定——猶如「Emmert 法則」用在不同距離的後像：距離越遠，尺寸越大（參見頁 177）。

關鍵點在於：眼睛對物件看起來的大小衡量，可來自於「由下而上」的深度線索，也可「由上而下」，來自對所看到的深度而做出的衡量[21]。

這個立方骨架的有趣之處，在於當它的深度被翻轉時，它在眼內的影像其實並未改變。我們可以利用這個翻轉來區分「由下而上」或「由上而下」的衡量。當深度翻轉時，這個立方體看起來像是平頭金字塔（*truncated pyramid*），而且它的遠端面顯得太大，當觀看者越接近骨架，這種扭曲越明顯。深度轉換後遠端面之所以顯得太大的原因有二，一是現實世界裡近的東西（此時看起來變遠了）在眼睛裡的影像本來就比較大；二是大小的衡量是遵循其看起來的距離，就像「Emmer 法則」與「Helmholtz 原理」主張的那樣。

要將這兩個原因分開來，方法有二：一、把骨架看成*去頂立方骨架*

20　比較近的骨架條會遮住一小部分較遠的骨架條，這是一個遮蔽的線索，此線索會抑制深度翻轉。這種看得出來的遮蔽有辦法將之消除，如：將整個骨架漆成無光澤的黑色，或最好將之漆上在黑暗中會發光的顏料。已經有人參與過這種觀察。

21　我是提出此主張的第一人，見 Gregory（1963），頁 678。

（*truncated wire cube*），小的一面在前，二、把骨架放在遠處，使遠、近兩個面在眼內影像一樣大 [22]。即使兩個面在視網膜上的大小都一樣，看起來仍是遠方的一面顯得稍大些。在此我們見識到了：大小的衡量是依照看起來的距離。由於改變的是看起來的距離而不是眼內影像的大小，所以這個大小衡量一定是由上而下的。

這個現象告訴了我們：大小恆常可以由「上傳」的深度線索來設定，也可以由大腦對看起來的距離，做出最可能的知覺假設，行「下達」式的設定。如果與實際距離不合，兩種設定方式都會造成相對應的大小和形狀的扭曲，只是兩者的原因不同罷了 [23]。

另外，當我們繞著這個深度相反的立方體觀看時，它的移動也很奇特——它會跟著你轉，而且是你移動速度的兩倍——這是因為近面、遠面在做深度知覺交換時，運動視差在知覺上也交換了。當立方體是（*with*）或不是（*against*）與你的移動同方向，正是此立方體的深度知覺是否交換了的確切信號。

「由下而上」與「由上而下」的大小衡量法則：

由下而上（*bottom-up*）：東西傳達（*signal*）了位在遠方的訊息，造成了擴張效應。

---

[22] 這可藉由改變觀看者與骨架之間的距離，直到近面遮住遠面而達成；或是藉由一個點光源照出骨架所形成的影子，而找到這一關鍵距離。

[23] 有一個看法是：收斂的透視線條可以直接以「由下而上」的機制設定大小衡量（參見 Gregory 1963, 1998）。所以代表在遠處的物件會擴張，這就是錯覺圖形產生的原因。要驗證這個理論，可以直接觀看這些錯覺圖形的 3D 模型（包括：凹入或凸出的角落、Muller-Lyre「箭頭」等，或是以 3D 立體鏡去看也可以）。當由透視形狀所做的大小衡量恰當時，錯覺也就消失了，儘管此時視網膜上的影像與看平面圖是一樣的（見 Gregory and Harris (1975)）。

由上而下（*top-down*）：東西看起來（*appearing*）是在遠方的樣子，造成了擴張效應。

任何深度線索都可以「由下而上」做大小比例的設定，其中最強而有力的線索就是透視結構（perspective）[24]。有兩個效果特別強大的透視圖形：匯聚的（*convergence*）平行線（圖三十八）與箭頭（*arrow*）造形的角落。此二者是最爲人知的扭曲錯覺——「Ponzo 錯覺圖」及「Muller-Lye 錯覺圖」所具有的關鍵特徵。

在以上所有錯覺圖中，被表達爲較遠（*distant*）的部分都被擴張（*expanded*）了。正常情形下，這個因遠方物體在視網膜的影像的縮小，大腦爲了維持大小恆定而做的補償性調整，此時用在平面圖形就不恰當了，因爲雖然在圖片中呈現（*represented*）了深度的東西，但在眼內的影像並未眞的縮小。因爲圖片表面是平面的，所以大腦對圖中不同遠近的物體所做的大小調整必定是不恰當的。事實上，大腦此時所做的大小調整，對畫中景物及景物所在的紙張表面，二者都是不恰當的。這個不恰當的恆常調整，其原理是：若大腦所做的大小調整，係根據平面圖上的透視結構或其他深度線索，但卻與實際距離不相符時，便會產生變形扭曲的錯覺。所以圖片特別容易產生扭曲[25]。

圖三十七是一些最爲人知的透視扭曲錯覺圖。它們都遵循相同的

---

[24] 圖片中的透視結構甚至勝過立體視覺。如果將立體鏡中的圖片左右對調，使兩眼所見是原本對側眼所見的圖片。此時眼睛所見仍是原先的透視深度感，而不是反轉的深度感。

[25] 這個理論是由 Gregory（1963）首次提出。此說的重點在於：即使圖片看起來是平的，深度線索仍可做出大小調整。另一個重點是：大小調整雖然可由下而上設定——但也可由上而下設定——這可由模稜兩可的物件；如：立方骨架顯示出來，因爲骨架在視網膜上的影像沒有改變。主動的模稜兩可對釐清「由下而上」或「由上而下」的大小調整很有幫助。有關大小調整的生理學機制目前正在研究中，重鎮是在加州理工學院。

法則：經由繪出的透視結構或其他深度線索，隨著距離愈遠而產生擴張（*expansion*）效果，雖然圖形是平面的（*flat*），而且也可能被看成是平面的。

　　值得注意的是，這些圖就是所有的簡單透視畫法，可以用來表達我們熟悉的三度空間物體或景象。只要是呈現出較遠（*distance*），擴張（*expansion*）就產生了。

　　最簡單的就是「Ponzo 圖形」（圖三十六）的匯聚線了，就像是透視結構下繪出的悠長道路或鐵軌一樣（圖三十八）。Muller-Lyer(c)（圖三十七）則是透視結構下的兩個角落 (i) 凹入、(ii) 凸出 —— 這兩個角落因為所繪出的深度，又讓人產生錯覺性的擴張感。

　　直角相交的角落通常是人造的，對於生活在「木匠打造」的環境裡的人而言，這種錯覺特別強烈，例如：所住城鎮裡都是方形建築物以及平行

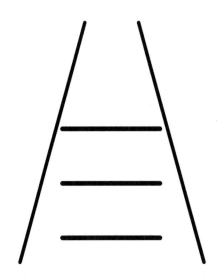

圖三十六：Ponzo錯覺。這是最基本形式的透視性錯覺。在上面的水平線因恆常調整而顯得擴張了，這是用來代償因遠方的東西在視網膜的影像較小所做的擴張。

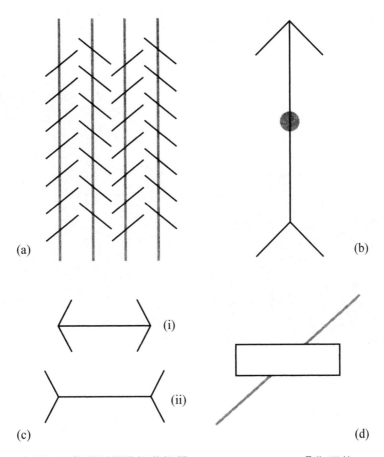

圖三十七：大家熟知的各種透視性扭曲錯覺。(a)Zöllner；(b)一分為二的Muller-Lyer；
(c)Muller Lyer；(d)Poggendorff。

道路。

「Muller-Lyer 圖形」現在有一些變化形式出現，例如：用半圓形代替箭頭——以透視法繪出圓柱形——可產生類似但較弱的扭曲。其他的深度線索，也可以傳達深度感，例如以遮蔽（occlusion）呈現深度。

Zöllner(a) 圖形可以視為幾個直角相交的牆面。

圖三十八：典型的透視性景像：火車軌道。

在 Poggendorf(d) 圖中，一條（透視結構的）線通過一個方塊後，產生了位移現象。

這類變形扭曲甚至可能在看不到、或未注意到透視深度時發生。這顯示了深度感可以很直接地由深度線索來設定，即使有其他的線索與之對抗，深度感仍可產生，如：圖畫表面質地、錯覺圖形等與它對抗。

繪出的深度距離（*distance*）可產生擴張（*expansion*）效應，這一通則是否有例外呢[26]？有人拿「Zöllner」錯覺圖為例子，如果將扭曲的線

---

26 這一例外是由 Nicholus Humphrey 及 Michael Morgan（1963）所發現，當時兩人還是劍橋大學的學生。這個例子可能是反駁不恰當調整理論的證據。它也可能讓我們明白大小調整是怎麼運作的。當初的評審觀點已過時了。

條旋轉 90 度，使線條沿著（*along*）而不是橫過（*across*）匯聚的透視結構，此時扭曲變形的方向會相反，其中原因到目前仍不清楚。也許我們可以去探究：由透視結構而上傳至大腦的調整，究竟是如何設定的。

無透視結構所造成的扭曲

　　如果不用（*without*）透視結構去畫一張長方形的桌子，此時桌子的遠端看起來是擴張的（圖三十九）。正常情形下，東西越遠影像越小，但這種畫法與之相反。很顯然地，這張畫喚起了人們對長方形物體的知識，大腦「由上而下」地在尺寸上做了調整，以補償原本應該縮小的遠端。但這幅畫的遠端並未縮小，所以補償式的調整會使圖畫看起來被扭曲變形。這在工程圖上會造成嚴重的問題。

　　早期的家具草圖或繪畫也就因此而看起來怪怪的，這也是中國繪畫的特色，中國畫家有時會將這種錯覺做誇張地處理。

圖三十九：由於假設的深度所造成的扭曲。上端的桌面從常識判斷應該是較遠的，所以在眼內的呈像較小，但在由上而下的恆常調整作用下，顯得擴張了。

水平 - 垂直錯覺

這只是一條簡單的垂直線，立在一條相同長度水平線的正中央。這條垂直線看起來比水平線長得多（圖四十）。如果垂直線不是在水平線的中央，這個錯覺就小得多。

這個錯覺可以如同 Ponzo、Muller-Lyer 錯覺一樣，用大小調整不恰當來解釋嗎？如果可以，這將是這類錯覺中最小或最簡單的例子，特別值得探究。當垂直線位在水平線中央，此時符合匯聚的透視結構；如果不在中央則不符此結構。

如果我們用會發光的顏料把這個圖形畫在黑紙上，然後在暗室中觀看，我們將會看到關鍵變化。這條垂直線看起來似乎往後倒。這個景象很戲劇化，尤其是這條線畫得很長的時候。在現實世界裡很少有長而垂直的

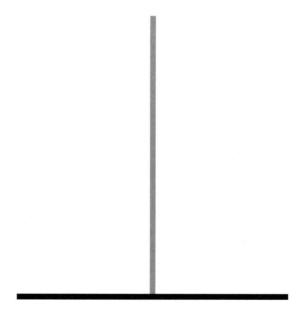

圖四十：水平 - 垂直錯覺。

東西，所以一條垂直的長線在視網膜上很像是一件鋪在地上的東西，如：一條深入遠方的道路。

　　這種錯覺非常罕見，因爲它與圖形的方向有關。方向也會影響「Poggendorff 圖形錯覺」，此圖也是形式最簡單的。試著旋轉這些圖形看看，你會看到很不一樣的結果。

　　值得一提的是，一張圖片中如果有直立的東西，如：一棟高聳的建築物，也可產生這種「垂直 - 水平扭曲變形」，即使把圖片平放在桌上也一樣會產生。看起來，圖片也可適當地呈現（representation）垂直效果[27]。

以恰當的調整破除錯覺

　　如果將這些平面透視圖形化爲正確的 3D 圖，看起來會如何呢？當下達與上傳的調整都很恰當時，這些扭曲變形會不見了 ── 被破壞掉了（Gregory and Harris 1975）。這是一個強而有力的證據，很能支持「不恰當的恆常調整」是存在的。

　　把「Muller-Lyer 圖形」以角落形式 3D 化後，我們特別容易去測量，因爲無論角落是凹入或凸出，箭桿的部分與觀測者的距離都是一樣的，所以兩種圖形用可調式線標（adjustable line）所量出的結果很容易做比較。用金屬線做成的模型其效果最好。我們可以用立體照相機將模型照下，並

---

27 當圖形或物體越大，水平 - 垂直錯覺就越明顯。這個情形也發生在看起來較大，但在視網膜上的大小是一樣的情形。戲法如下：將圖形投影在不同距離的屏幕上（當然，較遠的屏幕上的圖形要稍大些），然後在投影機的位置觀看這些圖 ── 此時各個圖在視網膜上都是一樣大的，但你會覺得遠處的圖較大，近處的圖較小。這更進一步說明了其中涉及了大腦（貝葉斯定理）認知處理過程。

在屏幕上以 3D 影像顯示出來 [28]。

如果用金屬線做出模型，它的扭曲變形錯覺也會消失。不過要測量此模型比較困難，因為位在不同距離的東西的大小難以比較。檢視其他各種 3D 化的透視錯覺圖都會得到相同的結果——錯覺消失了——但它們的測量都比「Muller- Lyer 圖形」要困難，因為要比較不同距離的線條是不容易的 [29]。

上述這些扭曲變形的錯覺會消失，這似乎意味著：在透視圖的錯覺中，因上傳訊號造成扭曲變形的份量，似乎無足輕重。（這個說法還有爭議，並非全部研究知覺的權威學者都同意「不恰當的恆常調整」理論。）

知覺的「投射」

將視網膜上的影像「投射」（"projection"）到周圍空間，是眼睛能看到東西的基礎。同樣地，震動耳朵的聲音也是來自外界有距離的地方。這種對周圍環境進行心理性的投射，並不適用於味覺和嗅覺—這兩種感覺稱為「近端」感覺（"proximal" sense），它們監控溫度，並提供主人中毒的警訊，以確保食物的安全。

投射可以延伸到工具。初學駕駛的人把車輛視為身體的延伸，網球員幾乎可以感覺到拍子的最頂端。盲眼人用手杖的尖端去感覺地面。

在暗室中觀看一個被閃光燈（如：相機的閃光燈）短暫照明的物體，在眼內可形成一個長達一分鐘以上的後像（after-image）。後像基本上只

---

28 見 Gregory 所著《Eye and Brain》（4th Edition）中之立體圖片。

29 很顯然的，重點不在視網膜上些微的影像差距，而是在無論以何種方式去看，是否能恰當的看出深度。當一隻眼可正確的看出深度（靠一點運動視差的幫助），扭曲就不見了。這顯然是由上而下的作用。

是視網膜上的一張照片，但它看起來卻位於外在空間裡，後像可以位於觀看者所看的任何物體表面。後像可以近看，例如在觀看者的手掌上；後像也可以被投射到遠方的牆壁上。

　　將視網膜上的後像投射到外在的世界，充分顯示了「反視」（reversed vision）的通則。正常的視覺是雙向交通的，也就是外物的光線進入眼睛，眼內的影像再藉由心理投射，將影像反向（conversely）投射回外在空間，我們因而看到外物。這個由影像到物體的心理投射過程，中間被知識大大的加持了，它使我們看到木頭或金屬時知道是硬的東西，看到水或牛奶時就知道是溼的東西，以及眼睛所見林林總總的東西，我們都具備知識，知道這些東西的性質。

　　大腦會把物體的性質賦予給眼內的物體影像，而看到後像會覺得物體就位於外界——如同正常視覺看到外物一樣。不過，這其中有一點時間差——後像是幾秒鐘前形成的，而「看到」是當下的空間與時間。但大腦無法分辨「過時」的後像與「實時」（real time）的知覺，除非後像與眼球一起移動。當然，嚴格地說，所有的感官訊號輸入都是過時的，因為訊號由眼睛傳到大腦是需要時間的。

　　與一般眼內物件影像不同的是：後像的影像大小是固定的。它們像是照片，會逐漸褪色，而且被釘在視網膜上。它們對於釐清與解釋視覺的處理過程非常有用。其中最知名、最令人困惑的後像現象，當屬「Emmert法則」（Emmert's Law）。

Emmert 法則

　　一個後像「投射」到外界較遠（distant）的表面或屏幕上時，會顯得較大（larger）。更精確地說，「Emmert法則」指的是：後像的大小與

它所在的距離呈正比 [30]。這與「越遠的物體在視網膜上的光學（optical）影像越小」剛好相反 [31]。

其實在 Emil Emmert（1844–1911）於 1881 年發表他的法則之前，老早就有人注意到：隨著距離增加而物體顯得比較大的現象。這些人包括希臘的哲學家與科學家，其中也有歐基里德（Euclid，約活躍於西元前 300 年）。由於對「Emmert 法則」爭論的文章已不可勝數，在此我不希望再增加大家的困擾了！

第一個要問的問題是：這個法則是適用在後像所在的屏幕的物理（physical）距離（可用尺去量）呢？還是適用在它看起來（apparent）的距離？這兩種情形截然不同，因為其中有很大的錯覺差距。

第一種情形——也就是物理距離——是不可能的，因為視覺並不直接知道真正的距離，而是間接由各種深度線索所得知，而這些線索不全然恰當或可靠。我們要問：用錯覺距離去檢視「Emmert 法則」，會發生什麼事呢？形狀怪異的 Ames 房間（參見本書彩圖三）可以產生極大的距離錯估。如果在 Ames 房間裡，後像投射在看起來（apparent）距離一樣，而物理（physical）距離不一樣的牆壁上，情形會如何呢？有人做了這樣的實驗 [32]。此實驗證實了「Emmert 法則」是依循看起來（apparent）的距離，

---

[30] 見 E. Emmert (1881), 'Grossenverhaltnisse der Nachilder', *Klinische Monatsblatter fur Augenheilkunde* 19: 443-50。

[31] 見 R. L. Gregory, J. G. Wallace, and F. Campbell (1959), 'Changes in the size and shape of visual after-images seen in complete darkness during changes of position space', *Quarterly Journal of Experimental Psychology* II：54-5。

[32] 見 J. Dwyer, R. Ashton, and J. Boerse (1990), 'Emmert's law in the Ames Room', Perception 19, 35-41; J. Boerse, R. Ashton, and C. Shaw (1992), 'The apparent shape of after-images in an Ames Room', *Perception* 21: 262-8。

而不是真正（real）的距離。如果人們察覺到的距離，乃是藉由各種深度線索而得，其結果必然如此；視覺並非直接根據實際距離去運作的。

Helmholtz 視物通則

Herman von Helmholtz（1821-1894）是現代知覺認識的創建者，他對視覺的生理與認知方面的研究有重大的貢獻。對眼睛視物，他提出了一個通則：

物件被察覺存於視野之中，如同它原本在那兒一樣，爲的是製造出與神經系統中相同的印象（impression），眼睛就是在這種一般正常情形下使用的。

很不幸的，這一段翻譯自德文的話很難瞭解或記憶，也許我們斗膽將它簡化爲：

物件被歸屬於影像（Objects are attributed to images）。

我看到了桌上一盤葡萄 —— 是因爲大腦將眼中的影像歸屬於（attribute）葡萄，而且根據我過去的經驗，這個東西有很大的可能性是葡萄。

Helmholtz 知道，在神經系統失能、或系統正常但處於反常情境下時，有可能出現錯覺。他也知道這一通則反過來看也適用 —— 可以從錯覺現象去推論視覺的法則與假設。我們可以說，當知覺以錯覺形式起飛後，它可以展現出自己的本色與奮戰計畫，它不再被定錨（anchor）在物體

世界。

「Helmholtz 通則」不僅限於可解說人們對物件的認識，它也適合用來解說對大小與移動的觀看，這些都要看我們要把什麼歸給視網膜上的訊號，以便用來說明那裡有何物。從這裡也許可揭露一些古老的知覺謎團：「Emmert 法則」與「滿月錯覺」（moon illusion）到底發生了什麼事？

我們將什麼歸給視網膜訊號，這是瞭解視覺的關鍵所在。愉悅的微笑有可能被我們歸給一個痛苦表情——在不可能愉快的情境下出現的痛苦表情；這抹微笑就可能成為一間刑求室裡一張痛苦怪臉上出現的表情。對視網膜影像做歸因時，可能性與情境脈絡（context）是參酌的要角。

大小與距離的歸屬

在「Emmert 法則」中後像所產生的大小變化，與「咖啡店牆壁圖案」、Ponzo、Muller-Myer 等圖案小規模的錯覺，是完全不同的。後者的扭曲變形通常少於 2：1，而前者產生的大小變化可能是好幾倍，而且在整個看起來的距離範圍中都會產生變化。一般而言，大腦對大小調整的設定，是根據由下而上的深度線索；但「Emmert 法則」效應則是由看起來的距離所產生的知覺假設來決定。

比較同一距離下的各種物件大小，與比較各種物件在不同距離下的大小，兩者是迥然不同的工作。前者要困難得多，而且界定也不簡單。這是否意味著：如果這些東西位在同一距離，它們的大小會是（would be）對眼睛而言怎樣的嗎？對於視網膜上影像的大小，我們並無意識管道（conscious access）去了解。那是一個我們永遠看不到的圖像，但它是視覺的來源，是這個圖像讓我們有了視覺！

縮放

　　攝影術中用鏡頭縮放（*Zooming*）讓畫面大小產生變化，這是大家所熟悉的。縮放鏡頭所做的，就是讓攝影者能在全景中聚焦到有興趣的物件上。當影像「放大」（zoomed up）後，對原本畫面的整體訊息並沒有增加的效果。對光學顯微鏡（optical microscope）也是一樣，無論其放大多少倍率（magnification），整體訊息並未增加——即使放大 2000 倍。我們拿數位相機（digital camera）為例就很清楚，無論是用廣角鏡頭還是望遠鏡頭，它們所能使用的畫素數（number of pixels）都是一樣的。長焦距望遠鏡頭（long-focal-length telephoto）可對關注的物件產生較大的影像，但代價是限縮了視野的範圍。由畫素數決定的整體訊息，在各種焦距鏡頭下都是一樣的。

　　這是光學式鏡頭的縮放情形，而肉眼是無法做到。不過，數位相機也有內建的電子鏡頭縮放系統。它是擷取了整個畫面中某一特定區域的畫素數。這有點像是眼睛做的大小調整。

中秋滿月錯覺

　　月亮高掛在天空時，它的大小沒什麼變化，但它在地平線附近時，卻顯得很巨大。這就是滿月（Harvest Moon）錯覺。過去兩千年來，有許多理論解釋過這個現象，到如今它的起因仍然未定 [33]。

　　有一個解釋是由托勒密（Claudius Ptolemaeus）[34] 於西元二世紀時提

---

[33] Helen Ross 和 Cronelis Plug 在其所著《The Mystery of the Moon Illusuion》（Oxford: Oxford University Press, 2002）中，對滿月錯覺史有很詳盡的討論。

[34] 托勒密是一位數學家、地理學家、天文學家、占星家。生於約西元 85 年，卒於約西元 168

出。在托勒密討論光學的著作中，他認爲滿月錯覺不是光學現象而是「心理」現象。他知道無論月亮高掛天空或是低在地平線附近，其相對於眼睛的夾角都是一樣的（1/2 度）。托勒密指出，由於心理因素，當月亮接近地平線時，因爲比較遠（*further*）所以顯得大些（*larger*）。這一說法呼應了「Emmert 法則」。但這其中有一問題：有人認爲，在地平線附近，是因爲月亮看起來比較近（*nearer*），所以才顯得大些（*larger*）。這又與「Emmert 法則」相悖。

托勒密並不知道眼睛裡有影像。這一事實一直到十六世紀末由克卜勒（Johannes Kepler, 1571-1630）對眼睛的光學有所探究，才爲人所知。月亮與太陽對眼睛的夾角都是 1/2 度，但月亮與地球相距僅 24 萬英哩遠，而太陽卻是 9,300 萬英哩遠。由於巧合（太陽比月亮大 60 倍，太陽又比月亮遠 60 倍距離），這使得在地球上的眼睛看到兩者的影像是一樣大的[35]。

拿一枚小錢幣在一隻手的距離就可以遮蔽月亮，也就是說：月亮或更大更遠的太陽，與近在咫尺的錢幣一樣大。但我們看月亮卻覺得大小如柳橙。夜裡在晴空的海上，我們會覺得月亮比海平線還靠近我們。我們看（*see*）月亮是這樣的距離，但我們知道（*know*）它其實遠在約 25 萬英哩以外。我們的知覺經驗與確切知識之間是不一致的，這類情形實在屢見不鮮。

有人認爲眼睛向下看是形成滿月錯覺的原因[36]。但是當月亮在不遠處

年。生活在羅馬人佔領的埃及地區。

[35] 正因爲兩者對眼睛的夾角一樣大，所以才有日蝕現象，在白天漆黑的天空我們可看到日晃。太陽在地平線附近時，與月亮一樣有擴張的現象，要注意：直接看太陽是很危險的。

[36] 見 A. F. Holway and E. G. Boring (1941), 'Determinants of apparent visual size with distance variant', *American Journal of Psychology* 54: 21-37。

的山頂附近時，此錯覺一樣會產生，而此時眼睛是往上看的。如果我們以管窺月，此時旁邊的景物都被去除了，這個錯覺也就消失了。若想確認這類情況，讀者可以很容易地自己做做看。由此可見這個錯覺與周圍景物有關，當周圍富有深度線索時，月亮就顯得大些[37]。當月亮在地平線附近或山頂上，這些環境的特徵及透視結構上的深度線索會把月亮放大，就如同「Ponzo 錯覺圖」一樣；尺寸放大會使月亮看起來更近些了，因為月亮並非鎖定在一個有結構的背景上的。

　　滿月錯覺的完整答案應該如下：(1) 月亮因為深度線索而被調整放大了，此與 Ponzo 等扭曲錯覺類似；(2) 月亮看起來比較大，使它顯得更近（nearer）；(3) 當其他類似的錯覺圖形，尤其是「Ponzo 錯覺圖」，出現在有質感背景的紙面上時，它們看起來不會比較近，因為它們被固著在紙面上了；(4) 如果看不見背景（例如將錯覺圖形以發光顏料畫出，並在黑暗中觀看），此時就像月亮一樣，錯覺圖形會膨脹，使它看起來更大（larger）與更近（nearer），但也就違反「Emmert 法則」了。簡言之，當「Helmholtz 定律」裡大小 - 距離的比例權衡作用被修改後，就不遵守「Emmert 法則」了。

---

[37] 這是 Lloyd Kaufman 及才過世不久的 Irvin Rock 所提出的解釋基礎（見 L. Kaufman and I. Rock (1962), 'The Moon Illusion', *Scientific American* 136: 1023-31）。但這個說法做了錯誤的預測，此說認為月亮在地平線附近看起來比較遠，但一般報告認為是看起來比較近。我的看法是，這是一個藉由透視結構和質地梯度，由下而上所做的調整，使得月亮看起來比較大，所以也就顯得比較近了。這與「Emmert 法則」相反。（Lloyd Kaufman 最近告訴我，他接受這個解釋。）

視覺的預設？

以上的說法留下了另一個問題：為什麼高掛天空的月亮每次看都是一樣大（*same size*）？在這個情形中，是因為沒有明顯的深度線索可供參考，去調整月亮的大小或距離。在此我們暫時提出一個新觀念。在沒有視覺線索的情形下，也許對月亮有一個預設（*default*）的大小與距離（這個情形在電腦的計算與文字處理很常見。在沒有特別指令下，系統會採用預設數值，這是典型的作法，但並不一定最適合當下的情境）。當月亮高掛天空而沒有距離線索時，似乎需要一個預定的假設使它看起來都一樣大。這是一個推測，但在沒有線索的知覺中，似乎是個適用的通則。

移動的月亮

對月亮與星星我們還有一個錯覺：它似乎會跟著你移動。這個情形在晚上開著敞篷車時特別明顯。好像車後有一根線拖著月亮與星星一起跑。這是光錯覺（*optical illusion*），原因也很簡單。

由於月亮、星星距離我們非常遠，它們所發出的光的方向對在地球上移動的我們而言，幾乎是沒有改變的[38]。對近物而言，若出現這種光的方向不變的情況，一定是該近物與我們一起動才可能發生。所以我們會認為月亮和星星在移動，看見它們一直跟著我們在移動。也許千百年來，這就是地球上來來去去的人們與蒼穹發生關聯的痕跡，所以人們會覺得天上的諸神也對我們有興趣。而這是占星學的起源嗎？

---

[38] 在高速飛行時，情形有點不同，因為地球是弧形的。此時也沒有參考物，因地表的東西都看不到了，這有點像是我們在樹林裡移動並往上看的感覺。

第五之六章 虛構

小說（fiction）是虛構的，並不必然是捏造的。事實上，完全捏造的小說很難有什麼意義，也會讓人看不下去。我們會假設小說裡的虛構人物有一個正常的頭、兩隻眼，他也吃早餐，他也會發現某些自己有興趣的錯覺。因為完全虛構的東西很難溝通、瞭解或觀看。

從墨跡裡我們看到了自己熟悉的東西，這顯示我們如何用已接受的事實來形成虛構。即便科幻小說中最怪異的外星生物，也是將地球上的生物加以重構罷了。視覺用各式各樣的物件妝點了外在世界，這真要歸功視網膜上的影像。我們曾經在後像（*after-image*）看到這樣的情形發生；藝術家也藉此過程，讓畫布上的印記在觀賞者心中產生意義。這些意義大多來自於觀賞者過去經驗中的事實，而來自眼前畫家筆下虛構的意義其實相當少。

後像

黑夜中的雷電在眼中形成的後像（After-images）是如此鮮活，它幾乎無法與現實分開。這一點也不奇怪，因為後像與正常的網膜影像是一樣的，只是多延長了一點時間罷了。後像是釘在視網膜上稍長幾秒鐘的照片，後像的轉變也如照片一樣——將事實轉為虛構，而現實也是隨時間而

改變的。

輪廓

輪廓與邊緣的訊息是由特殊的神經系統所傳遞，這是由美國生理學家 David Hubel 及 Torstin Weisel（1962）用微電極（microelectrodes）記錄單一細胞活動而得知。他們發現在視覺皮質區域（visual cortex）的細胞，有些對特定方向的線條有反應，有些對移動物有反應；其中有些只對某一方向的移動物有反應。這些後來都變成細胞對各種刺激反應的生理學基本常識。視覺皮質區更深層的細胞有些什麼功能還不太清楚，不過有些細胞對較普通的特徵有反應，其中包括了「複雜」（complex）與「超複雜」（hypercomplex）細胞。這些研究讓我們對視覺大腦是如何組織運作的有了基本瞭解。

幻想的輪廓

我們有可能在空白區域看到輪廓或外觀，而這個區域在視覺上卻根本沒有刺激，請見圖四十一這一實例。

這三塊蛋糕各被切走一小塊，聯合三個缺口，我們會看見一個想像出來的三角形。義大利藝術家、心理學家 Gaetano Kanizsa 畫做出這個圖形以及其他類似的戲劇化圖形。一千年前的手稿中就有幻想輪廓的裝飾圖案了，甚至在洞穴畫中都有，但並未受到視覺研究者注意。一直到 1950 年 Kanizsa 在《科學人》（*Scientific American*）發表了他戲劇性的作品才引起學者注意。另一個引人注意的作品比 Kanizsa 更早了五十

圖四十一：Kanizsa三角形。

年，由德國心理學家 Fridariche Schumann（Schumann, 1900）畫出的。很奇怪地，這種幻想出來的輪廓，所具有的意義過去五十年都沒人去瞭解，即使 Schumann 的畫例在教科書中出現過；如 1938 年出版，由 R. H. Woodworth 所著之《心理學原理》（*Principles of Psychology*）以及更早的教科書，有數千學生看過，但都沒人注意。幻想的輪廓之意義在教科書中很少被討論或被學生注意到。也許是此議題與主流的知覺派典不符——認為知覺是由刺激驅動的。這是 Kanizsa 之前的情形，一直到他美麗的作品問世，逼得大家無法忽視，知覺的派典才開始轉變——進而納入了主動由上而下的處理過程。在 1970 年代初期，包括我在內的學者確認了：這些想像輪廓和虛幻外觀是由可能性所誘發的（probability-induced）虛構，這一虛構是視覺系統創造出來的，以由上而下方式運作在視覺經驗中（Gregory, 1972），其說明如下：

　　知覺的認知學派把知覺視爲是一些假說（hypotheses），這些假設被感覺資料選出，但更超越這些可用的資料，形成「物件的假説」（object hypotheses）（Gregory, 1970）。這幻想出來的物件「被假定是個先決條件」（'postulated'）——把它當作知覺假設，好用來說明此三角形裡的空白處與斷裂處。必先做此「應該是什麼」的假定，此認知學派才圓滿。

　　我們每天看到各種東西，即使東西某部分被更近的物體所遮蔽，我們仍然知道那是什麼東西。藉由腦子認為那「應該」（'ought'）是個什麼東西，使我們知道的比眼睛看到的還要多。只有當腦子猜錯的時候，我們才體認到腦子其實一直在猜想——為的是想要創造出一個清晰的虛構。

　　這一虛構的三角形必須位在蛋糕之前。如果三角形硬被置於蛋糕之後（可由立體鏡形成），則三角形就消失了（Gregory and Harris, 1974）。此時若要將缺失的部分準確地連接起來，就會變得困難而奇怪，無法像三角形在蛋糕前的情形那樣自然。如果我們稍微旋轉蛋糕，幻想的三角形邊緣會變成曲線。如果蛋糕轉動得更大些，想像的線條就斷裂了，三角形也就消失了。

由下而上或由上而下？

　　幻想的輪廓是因周遭環境的特徵，由下而上傳入形成的呢？還是因為它看起來不像是個缺口，由上而下推斷出來的呢？這對視覺現象的分類與瞭解它們的意義而言，是很重要的。如果在輪廓或邊界之間未精確對準的情形下，還能以插補（interpolation）方式幻想出一個曲線（curve），這顯然不是由下而上形成的，而極有可能是由上而下完成的。這顯示了幻想輪廓是認知上的創造，在上例中，它根據些許沒對正的蛋糕缺角，仍能創造出了一個三角形。

幻想出來的輪廓與正常輪廓有相同的效果，例如：它們都可能出現類似的變形錯覺及其他各種錯覺。它們真的與正常輪廓很像——這意味正常「真實的」（"true"）輪廓有著很強的認知成分。這一想法在考古圖上可顯現出來，圖四十二這張圖上有許多柱洞——也包括各種可能的兔洞，這些洞孔是考古學家發現的，它們可做為證據，顯示初民時代多種可能的小屋建物（或更可能是重建物）。先前以為小屋當時是蓋成圓形（或也可能是長方形），這最初的想法便改變了手中資料的重要性。1970年代的視覺研究顯示：輪廓同樣是根據可能性建構出來的多種可能結果。這意味著：資料點（data-points）圖片上的線條，無須碰觸到任何資料點，卻也可以被人們接受它所呈現出的樣子。由實徵科學（empirical science）來看，當把虛構曲線視為真實時，這些資料點就被拋諸腦後了。這一情形在視覺也同樣適用：我們並沒有看到眼內的影像，只是（將神經訊號）做認知上的建構，這一建構物是根據各種資料，並由過去的經驗來判斷：什麼可能為真，再對這些資料加以編輯而成。

赫曼方格

德國視覺科學家 Günter Baumgartner（1924-1991）曾對「赫曼方格」（Hermann Grid）交叉處的亮點／暗點提出解釋，他認為視網膜神經節細胞（ganglion cells）有所謂的「*中心周圍構成*」（*centre surround organization*）。某些神經節細胞對中心是「放電」（'on'）反應、在其周圍是「抑制」（'off'）反應，有些細胞則剛好相反。這一說法是：在亮格子的交叉處，其周圍受到的刺激比中心大。當眼睛以中心小凹（focea）正視著交叉處時，反而看不到黑點了，這是因為中心小凹的神經節細胞的

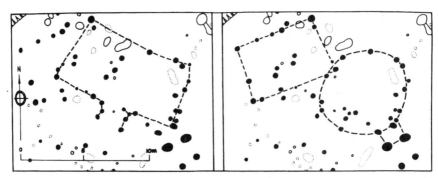

圖四十二：在真實考古挖掘現場所發現的黑點及洞孔，一組考古學者選擇了一些洞孔，將之視為柱洞，而將其他的洞孔排除掉。另一組考古學者則選了另一組洞孔為柱洞，形成另一種假設的茅屋。

接收範圍很小，所以對中心與周圍有反應的細胞都被激活了。近來 Peter Schiller 和 Christina Carvey（2005）指出：當格子線不是直的時，黑點也消失了。由此可見，視網膜上的線條偵測器（line detectors）似乎是重要的，但其中原委還不清楚。

看到自己的盲點

我們現在知道，眼睛很像一台數位相機，有超過一億個感光的桿狀（'rod'）及錐狀細胞（'cone'）在視網膜上。神經訊號由受器發出，沿著由一百萬條纖維組成的視神經傳入大腦。神經纖維穿出眼球的那個點，是看不見外界東西的，因為該處沒有感光細胞。但我們也鮮少看到這個黑色（或空無一物）的大盲點。為什麼我們在視覺空間中，看不到這個盲區的黑洞呢？美籍哲學家 Daniel Dennett 認為是我們忽視（ignore）了它的存在，就像在派對中，一個毫不起眼、令人乏味的傢伙。這是一個重要的說法，雖然現有的證據支持另一個看法：即由盲點周圍的顏色與圖形，主動

地將這個盲點填充了。但當一個單獨的物件其影像落在盲點上而消失時，大腦是無法主動將之填充的（我們可以很容易地做給大家看）。

О　　　　　　＊

試著閉上你的右眼，並以左眼注視星狀符號。緩慢前後移動你的頭，在某個距離時，圓圈符號會消失掉，此時正是圓圈符號的影像落在盲點區域時。請注意：在此盲點中我們仍可看到其周圍景物的顏色與亮度，而此盲點這時並沒有訊號傳至大腦。當你看任何景物（例如本書的某一頁），你不會感覺到這盲點，而這盲點也不會是黑色。你的大腦在這個區域創造了一個「該有」的影像。

通常我們的另一隻眼是睜開的，所以補足了缺失的訊息。但在上述實驗中我們只用了一隻眼，而盲點仍然沒被「看」到。證據顯示，每一眼的盲點在大腦（V1 區域）的視覺處理第一階段時，即被主動填充了。神經學家 V. S. Ramachandran 和我創造了一個人工盲區（盲點），方法如下：受測者先盯著電腦螢幕上的一個小圖案或一個視覺雜訊區（看起來像一小群螞蟻）看，然後受測者再看旁邊一個亮度、顏色相同的螢幕，此時原先看的圖案或雜訊區會出現在這空白的螢幕上。這顯然是大腦創造出來的影像，投射到外在的視覺空間中。這種大腦皮質區域主動創造影像的情形，最近被功能性磁振造影（Functional Magnetic Imaging, fMRI）實驗所證實。這種對盲點填充的過程是值得注意的，它使我們不致於看到會嚇到自己的黑影盤旋在視野的中央。我們的觀看有很多是虛構的。

第五之七章　矛盾

不像與不可能

　　一個敘述或知覺有可能太**不像**（*unlikely*）眞的，以致於不可能，或是**邏輯上**（*logically*）不可能。在大西洋中游泳，聽起來就太不像（*unliklye*）是眞的。說黑色的金髮，在**邏輯上**（*logically*）是不可能的。第一個——經驗上的不可能——是由世界的知識來判斷它太不像眞的了。第二個——邏輯上的矛盾——不符合符號規則，尤其是如何使用文字。我們的語言不容說：「她是一個黑色金髮女孩」。不過在語言上確實可以說：「他游過大西洋」，雖然我們不相信這句話。幾年前我們還不相信「他曾在月亮上走過」，這話太不像是眞的了，雖然這事後來確實發生了。

　　一般而言，不太像眞的事情比可能之事，讓人更難看懂。而且，我們傾向看見我們期望的東西。無論如何，不太像眞的事情，難以用前後一致的方式去做展示。有一方式是利用會翻轉的曖昧圖形（flipping ambiguous figures），通常觀看者會覺得這類圖中某一可能性比另一種可能性大一點。這種曖昧圖形，如「鴨 - 兔圖」（圖十六），我們把它畫成讓兩種可能性相等。拿這類圖片，把它們做一修改是很有意思的。如果將耳朵加強，此圖看起來就比較像是兔子。「花瓶 - 臉孔圖」也很容易被修改得比較像花瓶或臉孔。「Necker 立方體」（圖十七）從各個方向看

都是一樣的；但如果將它以透視方式畫出，將較小的一面看作是較遠的一面時，此圖形看起來會比較穩定，也更常被人這樣看，且能看得更持久。

當訊息極為有限時，只有比較可能的東西才能被人認出。Johansson的實驗就可以比較穩定地展示出來，只要在該實驗中，裝幾個小燈泡在人體關節處─如肘、膝處等，觀看者在黑暗中即可看出是一個移動的人。類似的實驗設計，若運用在人們不熟悉的東西上就失效了。例如一個玩具機器，此時必須裝上更多的小燈泡才能讓人辨識出來。

經驗上的不可能

當所提供的訊息很多時，我們就可以看到一些經驗上不可能的東西，儘管它們看起來讓人疑惑。一個很好的例子是 René Magritte 所繪的森林中的馬（彩圖四）。我們看到了一匹不可能被人騎著的馬，因為這馬不可能活著，但我們的確看到這匹不可能的馬。

人們也許會問，為什麼我們會看到極度不像真的東西 ── 儘管比較像真的東西是我們較為偏好的、且較容易被看得出來的？毫無疑問地，原因是不太像真的東西或事件也有發生的可能性，且需要我們特別注意去處理它們。如果我們對不太像真的東西都視而不見，那麼知覺上的學習將不可能出現。但我們又為什麼會看到在邏輯上不可能、根本永不會發生的事情呢？

知覺上的矛盾

為什麼知覺上會出現矛盾現象（paradox）呢？我認為一個基本

答案就是：知覺是一些假說（hypotheses），而假設是根據：①規則（rules），但規則可能彼此衝突，②預設（assumptions），但預設有可能是錯的。即便是感覺資料（data）之間也可能有牴觸，尤其是當一個或多個平行輸入管道提供了不正確的訊息時。

知覺訊號的矛盾

由於感覺訊號（signals）是由多個平行管道輸入的，所以有許多機會會因相衝突的訊號而產生矛盾現象。這種情形在科學界很常見，例如各儀器間彼此不一致。在日常生活裡，一件意外事故的多名目擊者也可能各有不同描述。當法官聽到某人陳述：「她開著藍色轎車往東行駛」，又聽到另一人說：「他騎著紅色機車往北而去」，法官一定會排除其中一個陳述，或者他會假設是兩個不同的人，以避免矛盾現象。飛機的自動降落系統內有分隔開來的數個電腦，如果其中一個電腦的資料明顯與其他的電腦不同，則這部電腦資料會被排除掉；這種排除將有利於避免矛盾。無疑地，大腦會排除掉一大堆相衝突的資訊，有些是訊息彼此相衝突，有些是訊息與知識相牴觸。

冷與熱

我們先前提過 Berkeley 的實驗，當一隻手適應冷水溫度、另一隻手適應熱水溫度後，再將雙手放入溫水中，此時會產生感覺水溫又熱又冷的矛盾現象（頁 72）。對一個物件而言（包括水）這是不可能的，但一手覺得（feel）水熱、一手覺得水冷卻絕對可能。同樣道理，兩支溫計如果

沒有經過校準（calibrate），可能量得的水溫分別是華氏90度與100度。

　　同一隻手有可能同時有冷熱感，出現矛盾現象。皮膚中某些小區域的神經末梢可傳導熱訊息，另一些區域則傳導冷訊息。過度刺激「冷」區域會產生熱感覺，所以熱源（譯者按：可能是冷源之誤）可同時讓皮膚產生熱與冷的感覺。我們如果用緊密排列的冷管與熱管接觸皮膚，也可使皮膚同時產生冷與熱的感覺。這種冷熱混雜的感覺非常怪異。這種感覺不是不可能，而怪異一詞實不足以準確形容它。

　　看到移動、卻沒看到東西的位置改變，在理論上是不可能的，但在移動的後像（after-image of movement）中我們卻看到了。這又是一個平行傳輸中位置與移動的兩種神經管道，因各自傳輸的訊號（signal）不同，而產生矛盾的例子。這有點像一事件兩目擊者的描述相衝突的情形。

Shepard音調

　　現今至少有一個例子，可顯示強有力的聲音「訊號」（'signal'）矛盾—「Roger Shepard 的不可能音調」（Roger Shepard's Impossible Tone）。聽起來，這個音調持續升高（或降低），永無止境。這是個富有變化的和諧音，音調升高或降低，產生了音符持續變化的感覺，但平均而言並沒有變化。這與視覺移動中，旋轉螺旋（rotating spiral）引起的遺後作用頗為類似 —— 見到移動，其實卻未改變位置[1]。

---

[1] 我曾在電台節目「Desert Island Discs」中播放 Shepard 氏音，結果收到許多音樂家的抗議信。

認知矛盾

有一個早期的矛盾圖案非常棒，它是由 Oscar Reutersvard 於 1932 年為瑞典設計的郵票圖案（圖四十三）。想要瞭解其中原委，我們最好來看看由傑出的父子科學家 Lionel Penrose 及 Roger Penrose（1958）所繪製的「不可能的三角形」（我想我是第一個將此圖形以三根木棒作成立體模型的人。它從某些角度看是一個不可能的三角形[2]）。它看起來就是這個樣子（圖四十四），三根木棒的末端看起來都相連，實則其中一角並未接合。三根木棒看起來都在同一個距離上，因為視覺的法則是：**凡相接觸的物體必在同一距離上**，但實則不然。在正常情形下這個法則是對的，但東西在視覺上、視網膜成像上相接觸是絕對可能的，而在實體世界裡它們卻未相接觸——儘管眼睛所見是在同一距離上。這個三角形看起來不可能存在，是因為視覺假設這三根木頭是在同一距離上，因三者是相連的。其實這假設是錯誤的。

雖然在理智上我們知道這一假設是錯的，但視覺系統仍持續這錯誤的假設，故而產生了矛盾。此原則同樣可見於 Hogarth 1754 年的雕刻畫作〈漁夫〉（Fisherman）（圖二十二）。

在我們*知道*（*know*）答案的情形下，這個三角形*看起來*（*appear*）仍然是不可能的，這一奇怪的事實顯示了大腦的模組化（modularity）。在這模組內，*知覺*（*perception*）的產生與*觀念*（*conception*）是分開的。這是一個絕佳而清楚的例子，顯示大腦的一部分在理智上知道答案，卻無助於視覺大腦。

2　見 R. L. Gregory 所著《*The Intelligent Eye*》(London: Weidenfeld, 1970)。

圖四十三：瑞典發行的「不可能的」郵票。

圖四十四：不可能的三角形。

動物的錯覺

　　對動物的錯覺很難測量，所以少有可信賴的研究結果，尤其在靈長類的研究。但對於昆蟲與鳥類有一些有趣的實驗，其中以麻省理工學院教授Irene Pepperberg 對會說話的鸚鵡所做的研究特別有趣。一隻訓練有素的鸚鵡可以辨認東西何者較大或較小，並以英語說出，而且牠還能說出東西的顏色。Irene Pepperberg 幾乎可以將鸚鵡的語言反應視為一個人類觀察者的反應。Irene Pepperberg 和她的同僚發現：鸚鵡不僅會產生一般的大小錯覺，而且這種錯覺還會受到各種實驗狀況的影響，這情形與人類非常類似。她將鸚鵡的錯覺，歸因於原本這隻鸚鵡的經驗，是在人為環境中形成的（Segall, Campbell, and Herskovitz, 1966），而實驗者設計了不同的環境去測驗牠的反應。

第六章

結語：從知覺到意識

　　大腦最神祕的產出物就是意識（consciousness）。某些知覺（perception）與感質（*qualia*）——即紅色、光亮、黑色等等感覺——有關；雖然不是全部知覺均如此。大腦如何產生感質迄今仍高深莫測。也許我們無需對「感覺的感質」及「產生感質的生理過程」兩者的差異太過操心。起因與結果的差異很大也不是稀奇事。例如：氧和氫結合為水，元素與化合物的性質差異是很大的。再例如：我們從組裝套件盒中，將性質各異的金屬零件組合成一個會動的時鐘，而時鐘的運轉機制與它所記錄的（神祕）時間完全是兩碼事。

標示當下

　　如果真有感質存在，它做些什麼事呢？從我們如何看待知覺談起吧！知覺是個內容豐富的認知——知覺可以讓我們藉由過去的經驗來解釋現況，而且也可脫離當下的刺激；藉此我們也許可大膽猜測一下感質在做些什麼。就演化與天擇的情形來看，我們可以推測：意識應該有強化個體存活的功能。知覺根據的是古老的、內在的知識，但更依賴最近習得的知識；知覺伴隨著感官傳來的當下訊息，以便做出即時／實時的（real-time）行為。由於知覺是根據過往的知識，所以必會出現一個問題——如

何將「當下事件」跟「過去記憶」、「未來預期」做出區分？（Gregory, 1998）。意識的感質有可能是用來標示當下（*Flagging the present*）嗎？

當下是靠感官將即時刺激傳入而形成的。由於知覺大部分來自既存知識，所以當下的一刻必須被分辨出來，以便讓個體對當下情境做出適當的行為反應。當一個人要過馬路時，他必須知道交通號誌的紅燈是現在（*now*）亮著的，而不是記憶裡的亮紅燈，也不是預期未來會亮的紅燈。一個行為要有用，它必須是即時的。當下的感質有一種特殊的鮮活感（vividness），那是在記憶中不曾或少有的經驗。

一項自我實驗

試著看一個顏色特殊的東西，例如一條紅領帶，然後閉上眼，想像這條領帶。肉眼所見的鮮活感質，在轉為記憶畫面時，瞬間就變得黯淡了。難道不是這份鮮活感使得所察覺到的如此「真實」又當下嗎？把上述的實驗反過來做做看。先閉著眼，想像一條紅領帶，然後睜開眼看著這條紅領帶。與閉眼時記憶中的影像相比較，當下感質的鮮活感是令人驚訝的。也許感質可使我們免於將當下跟過往的記憶或預期的未來，相互混淆。

某些能「證明規則」的例外

如何認清當下？我們碰到一些發人深省的例外。有一個著名的例子是由俄羅斯神經學家 Alexander Luria（Luria, 1969）所描述的 S 先生。S 先生是個職業的記憶表演者。他大量的記憶與極其鮮活的印象，與即時的現實所產生的混淆，達到了危險的地步，例如當他過馬路時，當下的紅燈

與記憶中的紅燈會相混淆。他說：「我曾經看了時鐘一眼，一段時間後，指針仍停留在之前的記憶中，而使我沒注意到已經過了一段時間了……這是爲什麼我常常遲到的原因。」

在夢境中我們可以經驗到鮮活的感質，但與當下的感質無關。在睡眠狀態中「當下事件」並無特殊意義，因爲此時沒有或僅有極少的行爲，而該行爲又與當下狀況無關。睡夢中，輸入的感覺訊號被截斷或被忽略，知覺有可能就變得不正常了。睡夢這類情形是在隔離環境下出現，此時感官刺激已消失數小時了。而由藥物引發的幻覺（hallucinogenic）狀態、或思覺失調症（schizophrenia）出現時，當事人可經驗到鮮活的感質，但此時沒有感覺訊號傳入大腦──儘管此時大腦的活動情形，與肉眼識物時是相似的（Kosslyn et al., 1995）。

曾有報導，在藥物引發的幻覺狀態下，時間似乎停止了。Aldous Huxley（1894－1963）在其所著《知覺之門》（*The Doors of Perception*）中描述了他自己服用迷幻藥三甲氧苯乙胺（Mescaline）後，知覺改變的情形：他對行動失去了興趣，變成了一個被動觀察者（意志變得極爲消沉），儘管他正確思考的能力幾乎沒有受到影響。他差不多變成了一個「不是自我」（not-self）的人。更引人注意的是：「視覺印象大大增強了，而對空間的關注降低了，對時間的注意力幾乎是零」。Huxley 強調當時：在鮮活印象中的色彩部分似乎無限量的加強了，普通的東西看起來會發光，像鑽石裡的火焰一樣明亮，而時間基本上是停止了，變成了「一段不確定的時間，或是變成永恆的當下」。在三甲氧苯乙胺或其他能引發幻覺的藥物作用下，感覺──即「超感質」（super-qualia）被加強了，眼前的事物被凸顯了，而時間卻相對地幾乎停滯不動。

感質通常標示著當下──這一說法，並沒有解釋感質在大腦中是如何被製造出來的，其中仍有太多的謎團。但這一說法可用在對其他動物的意

識之探究上。由於經過演化，知覺變得更聰明，也超脫了來自刺激的直接控制，它越來越可依據假設來判斷外界事物是什麼。所以在大腦認知功能的發展中，分辨出外界的現下（*now*）是什麼，這一問題已變得愈趨重要。

　　心智（intelligence）不能被綁在當下的感覺中，它必須用在如何解決即將來到的問題上。心智使我們脫離了來自分分秒秒的感覺之桎梏，但代價是對此時此地的不確定性。「感質對標示當下是很有用的」這一說法仍是一種猜測，但就如烏龜所說的：「不伸出脖子，我是無法往前邁進一步的。」

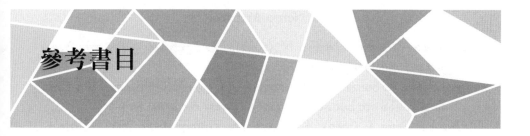

參考書目

1 Paradigms of Perception

Bird, Alexander (2001), *Thomas Kuhn*. Princeton University Press.

Cottingham, J., Stoothoff, R., and Murdock, D. (eds) (1985), *The Philosophical Writings of Descartes*. Cambridge: Cambridge University Press.

Dawkins, Richard (1976), *The Selfish Gene*. Oxford: Oxford University Press.

Gregory, R. L. (1974), Paradigms of Perception. *Proceedings of the Royal Institution, London*: 117–39.

—— (1981), *Mind in Science*. London: Weidenfeld & Nicolson.

—— (1997), Knowledge in perception and illusion. *Philosophical Transactions of the Royal Society of London B*, 352: 1121–8.

Hubel, D. H. and Weisel, T. N. (1962), Receptive fields, binocular interaction and functional architecture in the cat's visual cortex. *Journal of Physiology* 160: 106–64, and others.

Hyman, A. (1982), *Charles Babbage*. Oxford: Oxford University Press.

Korb, K. B. and Nicholson, A. E. (2004), *Bayesian Artificial Intelligence*. London: Chapman & Hall.

Kune, Thomas (1962), *The Structure of Scientific Revolutions*. Chicago: University of Chicago Press.

Luria, Alexander (1969), *The Mind of a Mnemonist: A Little Book about a Vast Memory*. New York: Cape.

Nagel, T. (1974), What is it like to be a bat? *Philosophical Review* 83: 435–50.

2 Neuro-Archaeology

Adamson-Macedo, Elvedina N. (2002), *The Psychology of Pre-term Neonates*. Heidelberg: Mates Verlog.

Aglioti, S., de Souza, J. F., Goodale, M. A. (1995), Size contrast illusions deceive the eye but not the hand. *Current Biology* 5: 679–85.

Bowler, Peter J. (1989), *Evolution: The History of an Idea*. Berkeley: University of California Press.

Buss, David M. (1999), *Evolutionary Psychology*. Boston: Allyn & Bacon.

Chomsky, N. (1957), *Syntactic Structures*. The Hague: Mouton.

—— (1980), *Rules and Representations*. New York: Columbia University Press.

Coghill, G. E. (1914–36), Correlated anatomical and physiological studies of the growth of the nervous system of Amphibia. *Journal of Comparative Neurology*, Parts I to XII.

Critchley, Macdonald and Critchley, Eileen (1998), *John Hughlings Jackson: Father of English Neurology*. Oxford: Oxford University Press.

Darwin, Charles (1873), *The Expression of the Emotions in Man and Animals*. London: John Murray. Reprinted University of Chicago Press (1965). For current views: Paul Ekman (1973), *Darwin and Facial Expression: A Century of Research in Review*. New York: Academic Press.

Gesell, Arnold (1945), *The Embryology of Behaviour: The Beginnings of the Human Mind*. New York: Harper.

Goddard, S. (1995), *A Teacher's Window into the Child's Mind: A Non-Invasive Approach to Learning and Behaviour Problems*. Eugene, OR: Fern Hill Press.

—— (2002), *Reflexes, Learning and Behaviour: A Window into the Child's Mind*. Chester: INPP.

Goodale, M. A. and Milner, A. D. (1992), Separate Visual Pathways for Perception and Action. *Trends: Neuroscience* 15: 20–5.

Gould, Stephen J. (1980), *The Panda's Thumb: More Reflections in Natural History*. Harmondsworth: Penguin.

Gregory, R. L. (1970), *The Intelligent Eye*. London: Weidenfeld & Nicolson.

Grzegorz, Królickzak, Heard, P., Goodale, M. A., and Gregory, R. L. (2006), Dissociation of perception and action unmasked by the Hollow-Face illusion. *Brain Research* 1080, Elsevier B.V.: 9–16.

Hill, H. and Bruce, V. (1993), Independent effects of lighting, orientation and stereopsis on the Hollow-Face illusion. *Perception* 22: 887–97.

Huffman, D. A. (1968), Decision criteria for a class of 'impossible' objects. *Proceedings of the first Hawaii International Conference on System Sciences, Honolulu.*

—— (1971), *Impossible Objects as Nonsense Sentences.* Machine Intelligence no. 6, ed. Bernard Meltzer and Donald Michie. Edinburgh: Edinburgh University Press.

Kennedy, James G. (1978), *Herbert Spencer.* Boston: G. K. Hall.

Magnus, R. (1925), Animal Posture (Croonian Lecture). *Proceedings of the Royal Society,* B 98: 339–53.

Milner, A. D. and Goodale, M. A. (1995), *The Visual Brain in Action.* Oxford: Oxford University Press.

Pinker, Steven (1994), *The Language Instinct.* London: Allen Lane, The Penguin Press.

Ridley, Matt (1993), *The Red Queen.* Harmondsworth: Penguin Books.

Taylor, Michael W. (2007), *The Philosophy of Herbert Spencer.* London: Continuum.

Tooby, John and Cosmides, Leda (1992), Psychological Foundations of Culture, in J. Barcow, Leda Cosmides, and John Tooby (eds), *The Adapted Mind.* Oxford: Oxford University Press.

Wilson, E. O. (1975), *Sociobiology: A New Synthesis.* Cambridge, MA: Harvard University Press.

Wolpert, Lewis (1998), *Principles of Development.* Oxford: Oxford University Press.

3 First Light

Anstis, S. (1974), A chart demonstrating variations in acuity with retina position. *Vision Research* 14: 589–92.

Bakewell, Frederick Collier (1853), *A manual of electricity, practical and theoretical*, 2nd edn (1857) London.

Darwin, C. (1844), *Essay*.

—— (1849), *The Origin of Species*.

Darwin, Erasmus, (1803), *The Temple of Nature*.

Dawkins, R. (1976), *The Selfish Gene*. Oxford: Oxford University Press.

—— (1986), *The Blind Watchmaker*. New York: Norton.

Della Porta, Giavanni Battista (1589), *Natural Magic*.

Dennett, Daniel C. (1995), *Dangerous Idea*. London: Allen Lane, Penguin Press.

Descartes, R. (1664), *Treatise of Man*, English trans. 1972 by T. S. Hall. Cambridge, MA: Harvard University Press.

Grant, Edward (2007), *A History of Natural Philosophy*. Cambridge: Cambridge University Press.

Gregory, R. L. (1964), A technique for minimizing the effects of atmospheric disturbance on photographic telescopes. *Nature* 2003: 274–5.

—— (1966), *Eye and Brain*, 1st edn. London: Weidenfeld & Nicholson. 5th edn (1997) Oxford: Oxford University Press.

—— and Gombrich E. H. (eds) (1973), *Illusion in Nature and Art*. London: Duckworth.

Gruber, Howard E. (1974), *Darwin on Man: Early and Unpublished Notebooks*, annotated by Paul H. Barrett. New York: Dutton.

Hardie, Roger C. (1989), Sigmund Exner: *The Physiology of the Compound Eyes of Insects and Crustaceans*. Berlin: Springer-Verlag, 93–7. Translated from the (unattainable) German original: *Die Physiologie der facettierten Augen von Krebsen und Insecten* (1891).

Hoffstadter, D. R. and Dennett, Daniel C. (1945), *The Mind's Eye*. New York: Basic Books.

Land, M. F. and Nilsson, D.-E. (2002), *Animal Eyes*. Oxford: Oxford University Press.

Lyell, Charles (1830), *Principles of Geology*. 1997 edn. London: Penguin.

Nagel, T. (1974), What is it like to be a bat? *Philosophical Review* 83: 435–50.

Sarnat, H. B. and Netsky, M. G. (1974), *Evolution of the Nervous System*. 1981 edn. New York: Oxford University Press.

Wilkie, J. S. (1953), *The Science of Mind and Brain*. London: Hutchinson's University Library.

4 Unlocking Locke

Berkeley, G. (1709), *Essay on a New Theory of Vision*.

Dennett, Daniel C. (1991), *Consciousness Explained*. London: Penguin.

Locke, J. (1690), *Essay Concerning Human Understanding*.

Newton, I. (1704), *Opticks*.

Russell, Bertrand (1945), *A History of Western Philosophy*. New York: Simon & Schuster.

5 Kinds and Causes

Adrian, Lord A. D. (1928), *The Basis of Sensation* and (1932) *Mechanisms of Nervous Action*. Cambridge: Cambridge University Press.

Craik, Kenneth (1943), *The Nature of Explanation*. Cambridge: Cambridge University Press.

Gibson, J. J. (1950), *Perception of the Visual World*. Boston: Houghton Mifflin.

Hick, W. E. (1952), The rate of gain of information. *The Quarterly Journal of Experimental Psychology* 4.1: 11–26.

Hubel, David (1988), *Eye, Brian and Vision*. New York: Scientific American Library of Science.

Kanizsa, Gaetano (1955), Margini: quasi-percettivi in campi con stimolazione omogenea. *Revista di psicologia* 49.1: 7–30.

—— (1976), Subjective contours. *Scientific American* 234: 48–52.

Melchner, L., Pallas, S. I., and Sur, M. (2000), Visual behaviour mediated by retinal projections directed to the auditory pathway. *Nature* 404.6780 (20 April): 871–6.

Miller, G. A. (1956), The Magic Number 7 plus or minus 2: Some Limits on our Capacity to Process Information. *Psycological Review* 63: 81–97.

Penrose, L. S. and Penrose, R. (1956), Impossible objects: a special type of illusion. *British Journal of Psychology* 49: 31.

Popper, Sir Carl (1972), *Objective Knowledge*. Oxford: Clarendon Press.

Shannon, Claude and Weaver, W. (1949), *The Mathematical Theory of Information*. Urbana, IL: University of Illinois Press.

Ungerleider, L. G. and Mishkin, M. (1982), Two cortical visual systems, in D. J. Ingle, M. A. Goodale, and R. J. W. Mansfield (eds), *Analysis of Visual Behaviour*. Cambridge, MA: MIT Press, 549–86.

Young, John Z. (1978), *Programs of the Brain*. Oxford: Oxford University Press.

Zeki, Semir (1999), *Inner Visions*. Oxford: Oxford University Press.

5a Blindness

Anstis, Stuart (1967), Visual adaptation to gradual change of intensity. *Science* 155: 710–12.

—— (1979), Interactions between simultaneous contrast and adaptation to gradual changes of luminance. *Perception* 8: 487–95.

Gregory, R. L. (1961), The brain as an engineering problem, in W. H. Thorpe and O. L. Zangwill (eds), *Current Problems in Animal Behaviour*. London: Methuen.

—— and Wallace, G. (1963), *Recovery from Early Blindness*, Monograph 2: Society of Experimental Psychology. Cambridge: Heffers.

Hick, William (1952), Experiments on the rate of gain of information. *Quarterly Journal of Experimental Psychology* 4: 11–26.

Hull, John M. (1991), *Touching the Rock*. Preston: Arrow.

Karnath, H.-O., Milner, D., and Vallar, G. (2002), *The Cognitive and Neural Bases of Spatial Neglect*. Oxford: Oxford University Press.

Miller, G. A. (1956), The magic number seven plus or minus two: some limits on our capacity to process information. *Psychological Review* 63: 81–97.

Robertson, Ian H. and Marshall, John C. (1980), *Unilateral Neglect: Clinical and Experimental Studies*. Hove: Lawrence Earlbaum.

Sacks, Oliver (1985), *The Man who Mistook his Wife for a Hat*. New York: Summit Books.

Shannon, Claude E. and Weaver, W. (1949), *The Mathematical Theory of Information*. Urbana, IL: University of Illinois Press.

5b Confounded Ambiguity

Fisher, Ronald (1934), *Design of Experiments and Statistical Methods*. Edinburgh: Oliver and Boyd.

Gregory R. L. and Cane, V. R. (1955), A statistical information theory of visual thresholds. *Nature* 176: 1272.

5c Flipping Ambiguity

Hill, H. and Bruce, V. (1993), Independent effects of lighting, orientation, and stereopsis on the Hollow Face illusion. *Perception* 22.8: 887–97.

Hohwy, J., Roepstorff, A., and Friston, K. (2008), Predictive coding explains binocular rivalry: an epistemological review, *Cognition* 108: 687–701.

Rubin, E. (1921), *Visuael wahrgenommene Figuren*. Copenhagen: Gyldendalske.

Warren, R. M. and Gregory, R. L. (1958), An auditory analogue of the visual reversible figure. *American Journal of Psychology* 71: 612–13.

5d Instability

Bruce, V. and Young, A. (2000), *In the Eye of the Beholder: The Science of Face Perception*. Oxford: Oxford University Press.

Gregory R. L. (1959), A blue filter technique for detecting eye movements during the autokinetic effect. *Quarterly Journal of Experimental Psychology* 11: 113.

—— (1977), Vision with isoluminant colour contrast IA projection technique and observations. *Perception* 6.1: 13-119.

—— (1995), Brain-created visual motion: an illusion? *Proceedings of the Royal Society of London B* 260: 167–8.

Howard, I. P. and Rogers, B. J. (2002), *Seeing in Depth*, 2 vols. Oxford: Oxford University Press.

Livingstone, M. S. and Hubel, D. H. (1984), Anatomy and physiology of a colour system in the primary visual cortex. *Journal of Neuroscience* 4: 309–56.

Miller, D., Williams, D. R., Morris, G. M., and Laing, J. (1996), Images of cone receptors in the living human eye. *Visual Research* 36: 1067–79.

Ramachandran, V. S. and Gregory, R. L. (1978), Does colour provide an input to the human motion perception? *Nature* 275: 55–6.

Thompson, P. (1980), Margaret Thatcher: a new illusion. *Perception* 9.4: 483–4.

Wade, N. J. (1983), *Brewster & Wheatstone on Vision*. London: Academic Press.

Wheatstone, Sir Charles (1838), *Stereoscopic vision*. London: The Royal Institution.

5e Distortion

Boerse, J., Ashton, R., and Shaw, C. (1992), The apparent shape of after-images in an Ames Room. *Perception* 21: 262–8.

Dwyer, J., Ashton, R., and Boerse, J. (1990), Emmert's Law in the Ames Room. *Perception* 19: 35–41.

Feynman, R. P. (1985), *QED: The Strange Theory of Light and Matter*. Harmondsworth: Penguin.

Gillam, B. (1998), Illusions at century's end, in J. Hochberg (ed.), *Handbook of Perception and Cognition* (2nd edn). London: Academic Press, 95–136.

Gregory, R. L. (1963), Distortion of visual space and inappropriate constancy scaling. *Nature* 199: 678–90.

—— (1968), Perceptual illusions and brain models. *Proceedings of the Royal Society B* 171: 179–296.

—— (1980), Perceptions as hypotheses. *Philosophical Transactions of the Royal Society B* 290: 183–97.

—— (1997*a*), *Eye and Brain*, 5th edn. Oxford: Oxford University Press.

—— (1997*b*), *Mirrors in Mind*. Oxford: W. H. Freeman.

Gregory, R. L. (1999), Shaving in a mirror with Ockham's razor, *Interdisciplinary Science Reviews* 24.1 (Jan.): 45–51.

—— (2005), The Medawar Lecture 2001: Knowledge for vision: vision for knowledge. *Philosophical Transactions of the Royal Society B—Biological Sciences* 360.1458: 1231–51.

—— (2008), Emmert's Law and the moon illusion. *Spatial Vision* 21.3-5: 407–20.

—— and Harris, J. (1975), Illusion-destruction by appropriate scaling. *Perception* 4: 203–20.

—— and Heard, P. (1979), Border Locking and the Café Wall Illusion. *Perception* 8. 4: 365–80.

—— —— (1982), Luminance-induced shifts of edges and stereo depth, and 'Border Locking'. *Proceedings of the Physiological Society, Journal of Physiology* 327: 69–70.

—— —— (1983), Visual dissociations of movement, position and stereo depth: some phenomenal phenomena. *Quarterly Journal of Experimental Psychology* 35A: 217–37.

—— Wallace, J. G., and Campbell, F.W. (1959), Changes in size and shape of visual after-images observed in complete darkness during changes of position in space. *Quarterly Journal of Experimental Psychology* 11: 54–5.

Helmholtz, H. von (1866), *Handbuch der Physiologischen Optik*. English translation (1924) by J. P. C. Southall, *Treatise on Physiological Optics*. From the third German edn. (Hambeutg: Vossa). New York: Dover 1962. [Quotation from vol. III, p. 2].

Hick, W. E. (1952), The Rate of Gain of Information. *The Quarterly Journal of Experimental Psychology* 4.1: 11–26.

Holway, A. H. and Boring, E. G. (1941), Determinants of apparent visual size with distance variant. *American Journal of Psychology* 54: 21–37.

Humphry, N. K. and Morgan, M. J. (1965), Constancy and the geometrical illusion. *Nature* 208: 744–5.

Ittleson, W. H. (1968), *The Ames Demonstrations in Perception*. New York: Heffner.

—— and Kilpatrick, F. P. (1951), Experiments in Perception. *Scientific American* 185: 50–5.

Julesz, B. (1971), *Foundations of Cyclopean Perception*. Chicago: University of Chicago Press.

Lit, A. (1949), The magnitude of the Pulfrich stereo-phenomenon as a function of binocular differences of intensity at various levels of illumination. *American Journal of Psychology* 62: 159–81.

Murray, S. O., Boyaci, H., and Kersten, D. (2006), The representation of perceived angular size in the human primary visual cortex. *Nature Neuroscience* 109.3: 439–44.

Rogers, B. J. and Anstis, S. M. (1972), Intensity versus adaptation and the Pulfrich stereo phenomenon. *Vision Research* 12: 909–28.

Ross, H. and Plug, C. (2002), *The Mystery of the Moon Illusion*. Oxford: Oxford University Press.

Segall, H. H., Campbell, D. T., and Herskovits, M. J. (1966), *The Influence of Culture on Visual Perception*. Indianapolis: Bobbs-Merrill.

Smith, A. Mark (1996), Ptolemy's theory of visual perception, *Transactions of the American Philosophical Society* 86.2: 101–2.

Westheimer, G. (2007), Irradiation, border location, and the shifted-chessboard pattern, *Perception* 36: 483–94.

5f Fiction

Dennett, Daniel C. (1991), *Consciousness Explained*. Cambridge, MA: MIT Press.

Gregory R. L. (1972), Cognitive contours. *Nature* 238: 51–2.

—— (1978), Illusory contours and occluding surfaces, in S. Petry and G. E. Meyer (eds), *The Perception of Illusory Contours*. New York: Springer-Verlag, 131–42.

—— and Harris J. M. (1974), Illusory contours and stereo depth. *Perception and Psychophysics* 15.3: 411–16.

Harris, J. M. and Gregory, R. L. (1973), Fusion and rivalry of illusory contours. *Perception* 2: 225–47.

Heydt, Peterhans R. von der and Baumgartner, G. (1984), Illusory contours and cortical neuron responses. *Science* 224: 1260–1.

Hubel, D. H. and Weisel T. N. (1962), Receptive fields, binocular interaction and functional architecture in the cat's visual cortex. *Journal of Physiology* 160: 106.

Kanizsa, G. (1950), Subjective contours. *Scientific American* 235.4: 48–52.

Petry, Susan and Meyer, G. E. (1987), *The Perception of Illusory Contours*. New York: Springer-Verlag.

Ramachandran V. S. and Gregory R. L (1991), Perceptual filling in of artificially induced scotomas in human vision. *Nature* 350.6320: 699–702.

Schiller, Peter H. and Carvey, Christina E. (2005), The Hermann grid illusion revisited. *Perception* 34.11: 1375–97.

Schumann F. (1900), Beitraege zur Analyse der Gesichtswahrnehmungen. Este Abhandlung. Einige Beobachtungen uber die Zusammenfassung von Gesichtseindrue zu Einheiten. [Contribution to the analysis of visual perception. First paper: Some observations on the combination of visual impressions into units].

Woodworth, R. S. (1938), *Experimental Psychology*. New York: Holt. (Schumann figure on p. 637.)

5g Paradox

Draper, S. W. (1978), The Penrose triangle and a family of related figures. *Perception* 7.3: 283–96.

Ernst, B. (2006) *Optical Illusions*. Taschen.

Gregory, R. L. (1966), *Eye and Brain*. London: Duckworth; later editions Oxford: Oxford University Press.

Lockere, J. L. (2000) *The Magic of M. C. Escher*. New York: Harry N. Abrams.

Penrose, R. and Penrose, L. (1958), Impossible objects: a special type of illusions. *British Journal of Psychology* 49: 31.

Reutersvärd, O. (1934), *Swedish Postal Service (Postal)*.

Segall, M. H., Campbell, D. T., and Herskovitz, M. J. (1966), *The Influence of Culture on Visual Perception*. Indianapolis, IN: Bobbs-Merrill.

6 Perceptions to Consciousness

Darwin C. (1872), *Expression of the Emotions in Man and Animals.* London: John Murray.

Gregory R. L. (1980), Perceptions as hypotheses. *Philosophical Transactions of the Royal Society of London B,* 290: 181–97.

—— (1981), *Mind in Science.* London: Weidenfeld and Nicholson.

—— (1997), Knowledge in perception and illusion. *Philosophical Transactions of the Royal Society of London B,* 352.1: 121–8.

—— (1998), The brainy mind. *British Medical Journal* 317: 1693–5.

Huxley A. (1968), *The Complete Works of Aldous Huxley.* London: Chatto and Windus.

James, W. (1890), *Principles of Psychology.* London: Macmillan.

Kosslyn, S. M., Thompson, W. I., Kim, I. J., and Alpert, N. M. (1995), Topographical representations of mental images in primary visual cortex. *Nature* 378: 496–8.

Luria, A. (1969), *The Mind of a Mnemonist: A Little Book about a Vast Memory.* New York: Cape.

Mach, E. (1959), *Analysis of Sensation,* trans. S. Waterluw. New York: Dover.

Posner, M. I., and Raichle, M. E. (1994), *Images of Mind.* New York: Freeman.

Silbersweig, D. A., Stern, E., Filth, C., Cahill, C., Holmes, A., Grootonk, S. *et al.* (1995), A functional neuroanatomy of hallucinations in schizophrenia. *Nature* 378: 176–9.

Wason, P. and Johnson-Laird, P. (1966), *Psychology of Reasoning.* London: Batsford.

錯覺分類總表

種類	起 因			
	感應	知覺		概念
	由下而上的訊號	側邊法則	由上而下的知識	理 解
目盲	**全盲** 無光或神經處理過程受損。 長期失明變得沒感覺——猶如一個人背後的感覺。 **色盲** 源自色感傳輸管道的喪失或錐狀細胞對頻譜敏感帶的移動。傳輸管道彼此間的「誤接」（cross-talk）。	**無用的知覺** **不恰當的法則** 知覺的法則不是物理學中的定律。它們產生知覺假設，此假設可能無意義，如：來自錯誤的知識或假設而產生的矛盾現象。 當法則不恰當時，即便在正常生理運作下也可產生錯覺。此時對錯覺的解釋必須從法則（或誤導的知識）中去找，而不是從運作正常的生理系統中尋找。	**失能** **缺乏視覺知識** 無法辨認，甚至對熟識的東西都認不出來。 **對改變的目盲** 對不相干的細緻改變視而不見。 「知覺的假設」持續作用，直到被檢查或考驗。 **粗心（inattention）的目盲** 例如看魔術表演。 **熟悉的目盲** 低消息度的訊號常是無用的，因而被忽略了。	**無知** 沒有理解，整個世界看起來像是魔術表演。但知覺經驗可能與觀念的理解大不相同，甚至衝突。
惱人的曖昧不明	**分辨出不同的刺激** 受限於神經雜訊，也因重疊的反應曲線而漏失掉了。	**分辨出不同的物件** 當刺激一樣時，不同的東西看起來必定一樣。一個小而近的東西與一個大而遠的東西，在眼睛內的呈像是一樣大的。一個側面看的圓形與橢圓形是一樣的。	**物件的分類** 對不熟悉或不了解的東西，我們會覺得有點煩惱，例如：化石、汽車零部件。	**藉由解釋來加以分類** 分類可以是一個循迴，因為現象可以引發解釋，而解釋又能詮釋現象。

種類	起因			
	感應	知覺		概念
	由下而上的訊號	側邊法則	由上而下的知識	理　解
	顏色 錐狀細胞比桿狀細胞需要更多的光線。 紅光＋黃綠光，看起來與單色黃光一樣，因為此時紅色與綠色感光細胞同時受刺激，兩者混合了。	**Ames 房間** 眼睛所見此房間與普通房間沒兩樣。但如果把東西；如：人，放入房間，情況就不一樣了。	專業的知識與差別的界定，對物件的分類是很重要的。	〔分枝系統學（cladistics）就是藉著理論的中立，以避免在解釋演化論時，產生循迴的情形。〕
翻轉的曖昧不明	**神聖疾病** 神經網路是動態的，所以可能出現不穩定，尤其在抑制作用或負向回饋失效時，例如偏頭痛。 （譯者按：神聖疾病即是癲癇。）	**圖形 - 背景** 最根本的決定在於是否有一個物件出現。翻轉的圖形 - 背景曖昧最具戲劇性，此時大腦無法做出決定。 對物件的認識起自通則，例如完形法則，但當通則不恰當或衝突時，圖形 - 背景會不穩定。	**另種知覺** 當大腦無法下決定時，知覺會翻轉為另一種可能者。例如 Necker 立方體、鴨 - 兔圖形。 **凹臉** 可能性通常產生穩定感，但有可能誤導。（凹臉看起來是凸起的）。 **立體視** 解除距離的曖昧不明。	**「收縮」現實**（collapsing reality） 物件不會翻轉成另一種物件——除非是在量子物理學中。 測量或知覺應該是將許多的可能性「收縮」為特定的現實。由知覺產生現實，一般認為是意識造成的，但這一部份仍是一團謎。
不穩定	**炫目的圖形** 歐普藝術家 McKay 的光芒條紋（重複的線條刺激開 - 關細胞，伴隨眼睛的顫動）。 **視網膜對抗** 光滑金屬表面的閃亮光澤。 **移動的輪廓** 等亮度的 Ouchi 錯覺（缺少「邊界鎖定」？）。	**群集** 亂點圖樣的群集與再群集。完形法則：閉合、連續性、共同命運等——來自貝葉斯機率。 **Glass 效應** 將兩張相同的亂點圖像重疊並稍微錯開，會顯現出條紋圖，若將圖樣旋轉，會顯現出圓形圖。	**恆常調整** 儘管觀察者是移動的，這個世界看起來是穩定的。恆常性部分地代償了移動。但當此種代償不恰當時，恆常調整會產生錯覺，包括：移動、大小、形狀及其他錯覺。	**想像出物件** 知覺在實時建構出物件假設，但概念是不受時間影響的。當相衝突或資料不恰當時，兩者都不穩定。

種類	起因			
	感應	知覺		概念
	由下而上的訊號	側邊法則	由上而下的知識	理　解
扭曲變形	**訊號的扭曲**　許多錯覺是因為錯誤訊號而起，如：誤接及旁側抑制。**遺後作用**　出自傾斜、彎曲、空間頻率、顏色等的扭曲所造成的持續移動。遺後作用可用來重新校正感官，但有可能出錯。	**認知的扭曲**　幾何或「透視結構」的扭曲，如：Muller-Lyer、Ponzo、Hering、Poggendorff、水平-垂直、滿月等錯覺。就錯用調整（Misapplied Scaling）理論而言，深度線索誤設了大小調整——深度線索使得位在遠方的物件會被放大。調整也可「由上而下」做出決定。	**預期**　預測對認知知覺是必要的，但有可能誤導。**大小-重量錯覺**　相同重量的東西，小的比大的感覺重些。這是因為錯誤的預期。一般而言，大的東西比較重，所以當欲拿大的東西時，肌肉會用比較多的力量。	**參考其他事實**　一個物件本身不會被扭曲，但如果參考其他公認的事實，結果可能就不一樣了。一把尺是否彎曲、太長、太短，必須去參考另一把公認為「真正」的尺。想要測量錯覺，必須參考非錯覺的東西，儘管錯覺或錯誤可能是內部不一致造成的。
虛構	**錯誤的訊息**　後像可在外界產生一個與實物相同的影像。**Phi 移動**　交替閃爍的兩盞燈看起來像是一盞移動的燈，這是因為受刺激的正常移動系統包容了兩燈之間的間隙。	**群集**　在完形法則下；包括相似性、共同命運等的作用下，亂點會群集成物件的形狀。**幻影**　物件形狀的空白被看成是較近的遮蔽物，形成一個虛構的物件，如：Kanizsa 三角形。	**幻覺**　火焰中的臉孔、月亮中的人像、墨漬圖形。這些都顯示了當另種假設出現時，知覺產生了創造性的動態變化。也因為知覺是動態的，所以知覺可以掙脫刺激的控制，展現自己的樣貌。	**間接聯到現實**　知覺和概念充其量只是間接關聯到現實，它們都是一種動態的建構，很容易飛躍為虛構的事。
矛盾	**相衝突的訊息**　神經管道傳遞外界物件的各種特性及變化狀態。平行輸入的訊息可能彼此不一致，因為某些神經管道會有不同的修改。此時知覺或許變得不可能。我們看螺旋的遺後作用有擴張或收縮的感覺，但實際上螺旋圖案的大小並沒有改變。	**不可能的東西**　不可能的三角形是可以存在的，但從某個角度去看，它又顯得不可能。由錯誤的假設所產生的知覺假設，會出現矛盾現象。**不可能的三角形**　其三個邊的交角在視覺上是相接觸的，但實際上有些交角是分開的。由於錯誤的接觸假設，造成了實體上的矛盾現象。	**知識上的牴觸**　Magritte 的畫《一個男人的腦後》——畫的是一個男人的後腦景象在鏡子中，而不是他的臉龐在鏡子中。這幅畫看起來令人困惑，因為它與一般人對鏡面反射而不言明的視覺知識相牴觸。訊息的衝突加上預期的落空，是修正當下並激起新知覺的關鍵所在。	**心智和物理**　雖然大腦是一個實體的系統組織，但知覺和概念不受物理上的限制，使得大腦有可能看到或想像到一些不可能的東西，甚至經驗到在邏輯上矛盾的東西。此情形亦適用在電腦軟體上，因軟體也不被科學定律所限制，故也可能出現矛盾。

索 引

國家圖書館出版品預行編目資料

透視錯覺：由錯覺看世界／Richard Gregory
著；瞿錦春，張芬芬譯. ——初版.——
臺北市：五南圖書出版股份有限公司，
2021.07
面；　公分
譯自：Seeing through illusions
ISBN 978-986-522-810-1（平裝）

1.視覺　2.錯覺　3.認知心理學

176.12　　　　　　　　　1110007839

1B1D

透視錯覺：由錯覺看世界

作　　者 ― Richard Gregory

譯　　者 ― 瞿錦春、張芬芬

發 行 人 ― 楊榮川

總 經 理 ― 楊士清

總 編 輯 ― 楊秀麗

副總編輯 ― 王俐文

責任編輯 ― 金明芬

封面設計 ― 王麗娟

出 版 者 ― 五南圖書出版股份有限公司

地　　址：106臺北市大安區和平東路二段339號4樓

電　　話：(02)2705-5066　傳　　真：(02)2706-6100

網　　址：https://www.wunan.com.tw

電子郵件：wunan@wunan.com.tw

劃撥帳號：01068953

戶　　名：五南圖書出版股份有限公司

法律顧問　林勝安律師事務所　林勝安律師

出版日期　2021年7月初版一刷

定　　價　新臺幣450元

經典永恆・名著常在

五十週年的獻禮 —— 經典名著文庫

五南，五十年了，半個世紀，人生旅程的一大半，走過來了。

思索著，邁向百年的未來歷程，能為知識界、文化學術界作些什麼？

在速食文化的生態下，有什麼值得讓人雋永品味的？

歷代經典・當今名著，經過時間的洗禮，千錘百鍊，流傳至今，光芒耀人；

不僅使我們能領悟前人的智慧，同時也增深加廣我們思考的深度與視野。

我們決心投入巨資，有計畫的系統梳選，成立「經典名著文庫」，

希望收入古今中外思想性的、充滿睿智與獨見的經典、名著。

這是一項理想性的、永續性的巨大出版工程。

不在意讀者的眾寡，只考慮它的學術價值，力求完整展現先哲思想的軌跡；

為知識界開啟一片智慧之窗，營造一座百花綻放的世界文明公園，

任君遨遊、取菁吸蜜、嘉惠學子！